· JUJIZHANGTINGBAN ·

DABANKEGAOJIJINJIEJIAOC

狙击涨停板

打板客高级进阶教程

曹达 ◎编著

知行合一　　按图索骥　　交易经验精髓

深入剖析打板客的交易行为和各种认知偏差

对于从事狙击涨停板的小众股票交易者来说，特别是新手打板客，不仅可以从书中学习到泛脑科学应用于股票决策的前沿研究，还可以对比自己以往交易模式，通过修正错误，提高狙击涨停板的高风险和高收益的匹配程度。这是一本非常值得一读和收藏的证券交易决策书籍。

经济管理出版社
ECONOMY & MANAGEMENT PUBLISHING HOUSE

图书在版编目（CIP）数据

狙击涨停板——打板客高级进阶教程/曹达著 . —北京：经济管理出版社，2020.1
（2022.6重印）
ISBN 978 - 7 - 5096 - 7021 - 7

Ⅰ. ①狙… Ⅱ. ①曹… Ⅲ. ①期货交易—教材 Ⅳ. ①F830.93

中国版本图书馆 CIP 数据核字（2020）第 022088 号

组稿编辑：杨国强
责任编辑：杨国强　张瑞军
责任印制：黄章平
责任校对：董杉珊

出版发行：经济管理出版社
　　　　　（北京市海淀区北蜂窝 8 号中雅大厦 A 座 11 层　100038）
网　　　址：www. E - mp. com. cn
电　　　话：（010）51915602
印　　　刷：唐山昊达印刷有限公司
经　　　销：新华书店
开　　　本：720mm×1000mm/16
印　　　张：12.5
字　　　数：184 千字
版　　　次：2020 年 5 月第 1 版　　2022 年 6 月第 3 次印刷
书　　　号：ISBN 978 - 7 - 5096 - 7021 - 7
定　　　价：48.00 元

序　言

　　阿达是 A 股市场的投资老兵，对经济学也有相当的研究。在这本新作中，阿达采用了和一般证券书籍风格迥异的写作方式，从狙击涨停板交易者的严重亏损案例研究开始，汲取西方对脑科学的最新研究成果，对打板客的交易行为和各种认知偏差做了较深入的剖析，尤其是对直觉在狙击涨停板作用的重点分析令人耳目一新。

　　先揭示狙击涨停板交易的高风险，然后传授如何用概率计算狙击涨停板成功的可能性，最后运用技术分析选择龙头股板和强势股板，这种逆推逻辑是西方成熟投资分析的体现。

　　书中给盲目参与追逐涨停板的散户一些有益的深度启示，也有多年交易经验的精髓。股票投资的朋友们，只要交易年纪稍长，都掌握了证券交易的心法，但做到知行合一才是最难的事情！按图索骥，用几个大众都熟悉的技术指标做股票技术分析，这只是较浅层次的知识。虽然阿达在本书中的论述和案例还不够详尽透彻，但字里行间闪烁着不少的投资智慧。

　　对于从事狙击涨停板的小众股票交易者来说，特别是打板客新手，不仅可以从书中学习到泛脑科学应用于股票决策的前沿研究，还可以对比自己以往交易模式的优劣，通过修正错误，提高狙击涨停板的高风险和高收益的匹配程度。这是一本非常值得阅读和收藏的证券交易决策书籍。

香港大学　亚洲研究中心教授　钱江

2019 年 4 月 5 日

目 录

基 础 篇

技　术　篇

实 战 篇

基础篇

楔　子

当读者朋友看到这段文字时，可能有不少人会怀疑自己是否看错了，这真的是一本教授投资者如何炒股如何狙击涨停板的技术书籍吗？请耐心看完这个虚构的特训营故事，其中许多炒股打板客的经历并非虚构。笔者只是借助这个带有一点文学色彩的故事开头，引入一系列对狙击涨停板交易者的发人深省的深入研究。

群山叠翠，和煦的微风和山间的鸟鸣形成空气中的和弦，巍峨的井冈山脚下，因为不是红色旅游节，游客并不多，突然来了一大群人吵吵闹闹地聚集在山脚下的空旷之地，引起游客的驻足观望。一个年轻、西装革履的帅哥站到高处，吩咐工作人员拉开一个红色条幅，上面金黄色的字体展示——热烈庆祝全国打板客特训营成立大会召开！

主办人宣布："大家好，今天是一个值得庆祝的日子。来自全国各地的500名学员参加我们首届打板客特训营，我们表示热烈欢迎。"

学员甲："主办人，你们在广告上说，这个特训营包吃包住包旅游是真的吗？"

学员乙："我也有一个问题，课程多长？在狙击涨停板特训营，真能够学到真技术吗？"

学员丙："学费要收多少？"

学员丁："主持人你干脆透露一下，参加这个特训班能让我们赚到钱吗？有没有什么游资敢死队的内幕消息？"

主办人："大家少安毋躁。现在请我们特训营特聘嘉宾铁老师为大家——解答问题。"

铁老师登上台微笑面对大家："我就是铁中棠，我不说废话。首先要宣布一件事，我们这个特训营包吃住的饭菜主要是红薯叶和黄米饭，日常生活都严格按照管理军事化的管理原则。我们之所以今天要聚集在井冈山下，目的就是重温红军长征的路程。我们将从井冈山出发，坐火车硬座到延安去，在延安才开始上课。现在分成华东、华北、华中、华南四个分队，愿意参加的朋友请报名，课程在大家正式报名后宣布。不愿意报名的朋友请找主持人，主持人会安排你们去景点旅游，预收的报名费用全部用于大家在井冈山一日游。"

很多学员听完听了铁老师的话一片大哗，有的人激动地说："这不是忽悠我们吗？难道是来骗旅游费的吗？"有的人说："见鬼啦？我花了钱还要受当兵的苦。"虽然不少学员中出现抱怨，接受了退出特训班学习课程参加旅行社安排的井冈山一日游。但还是有相当一部分怀着对学习涨停板的热情的学员报名了。在报完名后，主办人统计了一下人数，对铁老师说有 100 人报名参加。

铁老师宣布安排今天的课程，他请大家主动上台谈谈在学习狙击涨停板的成长过程中遭遇的亏损经历。主持人一再督促请大家主动上台。起初没人响应，学员你看我，我看你，5 分钟过去了。一个身材壮硕的西北大汉高声喊："铁老师，我有 20 万元资金，最近两个月才赚 5%，如果你能够帮助我在半年内赚到 100 万元，我帮你拉一亿元资金过来给你操盘。"人群中另一个学员说："老师你先跟我们讲讲 2019 年股市有什么大机会吧。我们都盼望着在 2019 年能够赚大钱哪。"

铁老师说："两位提出的问题跟之前 500 个学员提的问题没有什么区别，我现在刚才提出来的要求是，要大家非常诚实地对待自己过去在炒股中的亏损。坦白地向现在下面的 100 位学员说出来。谁先上台说就任命谁先担任临时分队长，名额四个。"

听铁老师这么一说，马上有学员举手。主持人立刻安排先举手的学员上台，一个 20 多岁的帅哥自我介绍："我的网名叫很 Q 的小丸子，2018 年才开始学习狙击涨停板。听了一位朋友说做超短线交易可不需要学习基本面分析，我感觉这很适合我，就开始打板，起初赚了约20%。但在市场环境变差后频频吃大面。10万元资金只剩下1.9万元了。"

第二位上台的学员是个40岁出头西北汉子，自我介绍："我是大漠苍鹰，原来是做中长线投资的，现在资金有1000多万元。"

学员们发出一阵惊叹声："这么多资金，那不是私募大佬了吗，还来学习打板课程干吗？"大漠苍鹰说："大家不用太惊奇，这些资金也不完全是我的，我自己的资金只有187万元。其余的都是亲朋好友相互介绍来的，等于我是一个小小的最微型私募。2018年的市场变化非常快，我感觉从前的中线持仓投资技术，照样会遇到较大的风险和亏损。所以，我想学习更多新技术和知识，对这次打板客特训营的课程特别感兴趣，特地报名参加，我认为只有不断学习才会进步。"

第三位学员长得很有福相，大大咧咧地说："本人叫贵大胆，过去在山西开过小煤矿，三年前进入股市。我没什么文化和技术，但就是胆子大，也不在乎亏损。我曾经在2015年炒过100多只股票，赚过300多万元。2017年开始学打板，也兼着做期货。赚了亏，亏了再赚，现在已破产了，账户还剩4万多元。但我的口号是——人生要敢于赌博，大不了哥死了两脚朝天还是硬邦邦的男子汉。我要东山再起，用这4万元在一年内变成100万元！"

学员们发出一阵哄堂大笑，纷纷举起大拇指对贵大胆说："贵大胆，以后就看你的了，你是最牛的！"

第四位上台的学员文质彬彬，带着上海口音说："我叫上海欧巴，现在资金60万元左右，2018年全年亏损大约16%，铁老师比较了解我的情况，我就不多介绍了。"

铁老师宣布："现在我们任命四个队长，一队长大漠苍鹰，二队长很Q的小王子，三队长上海欧巴，四队长贵大胆。"

大漠苍鹰问："铁老师，我们真的要明天出发去延安吗？"

铁老师："这只是一个心理测验，我们并不去延安。但我在这里要告诉大家，虽然现在全国过来的500名学员只剩下100人，但到这个特训营结束的时候，我预测可能剩下学员连 1/4 都不到。大家有没有看过中国古典名著——《古文观止》？其中有一篇选文是宋代王安石的游褒禅山记，他在文中写道'古人之观于天地、山川、草木、虫鱼、鸟兽，往往有得，以其求思之深无不在也。夫夷以近，则游者众；险以远，则至者少。而世之奇伟、瑰怪，非常之观，常在于险远，而人之所罕至焉，故非有志者不能至也。有志矣，不随以止也，然力不足者，亦不能至也。有志与力，而又不随以怠，至于幽暗昏惑而无物以相之，亦不能至也。然力足以至焉，于人为可讥，而在己为有悔；尽吾志也而不能至者，可以无悔矣，其孰能讥之乎？此余之所得也。'这段古文翻译成普通话，大意就是：那些平坦、方便道路的地方，游人就很多；艰险偏远的地方，到达的人就很少。而世界上奇妙雄伟、壮丽奇异的景色，常在艰险偏远且人们很少去过的地方，所以没有坚强意志的人是到不了的。有意志、不随众人止步，但是体力不足的人，也到不了。既有意志和体力又不松懈懒散，但是在幽暗山洞中没带照明物的人，也无法到达。然而有体力不在乎别人讥讽、自己坚持了为了完成志向前行的人，如果这样尽力还到达不了绝妙的景观，就没有什么可懊悔的了；谁又能嘲笑讽刺他们呢？这是我的心得。"

　　王安石是北宋的宰相，也是中国古代力主变法的著名改革家。因为要改变当时现行法律法制，遭到了许多利益团体的反对，还被朝廷贬到非常偏僻穷困的小地方。在这篇游记中王安石虽然写的是旅游的心得，其实映射了他的心声和远大的志向，讲述了一个很深刻的人生哲理。古代的华山没有什么缆车和修好的阶梯道路那么便利上山。当时道路崎岖，自古华山一条羊肠道最险峻。所以担忧、畏惧道路的险恶和偏远的各类游客，最后没几个人能看到华山最壮美绚丽的奇特景色。这就和我们全国打板客特训营今天一下来了 500 名学员，都想来学习狙击涨停板的技术，然而其中有一大部分人很有可能抱着搭便车的念头，希望从短期课程中最快速度学到一个打板的捷径。或许还有学员认为可以从曾做过私募操盘手的老师这里得到几只股票的内幕消息，轻轻松松就能把钱赚到手。结果一来到井冈山听到我宣布说，要先学红军长征二万五千里长征，要经受红军当年的千般苦难，立刻就打退堂鼓了，预先报名的学员走掉了大半。这非常符合王安石在游记中描述的现象，虽然人人都羡慕华山的绚丽奇观，但真正能坚持到最后看到绝佳景色的游客又有几个？"学员发出一阵阵苦笑声。

铁老师说："大家回想下这 20 年来，经营商业的朋友，炒楼的朋友，从事实业创业的朋友，或者老老实实待在一个好的单位如国企单位工作的朋友，他们是不是都分享到了中国经济的巨大改革的财富，发达了，过上中产阶级的生活。而我们问问身边炒股的朋友，有多少是腰缠万贯气大财粗的金融家，有多少是在二级市场呼风唤雨叱咤风云拥有身价亿万的游资敢死队？又有多少是实现了财务自由的牛散？特别是打板客们你们说说。"

学员们大都面面相觑，情绪有些沮丧地摇摇头。上海欧巴略有点不服气地说："我曾经是千万大户，但经过 2015 年股灾以后，现在变成了一个只有几十万元的小散户，我都不敢开口在特训营大会上说出来，怕大家笑话我，经老师这么一说我才敢坦白。"

铁老师说："非常好，这就是我们打板客特训营第一课，要诚实对待自己，对待自己炒股失败的经历，这样才能够明白为什么到 2018 年，股民已经成了八亏一平一人赚钱的原因。现在中国股民有 1.26 亿人，占中国中产阶级家庭的 70% 以上。但在这几年熊市中，有一种声音一直说要去散户化，认为中国的股民极不成熟，投机性很强，声称中国股市之所以走不出慢牛，跟中国散户太多有很大的关系……"

贵大胆突然暴怒，气冲冲打断铁老师的话："不对，我为中国股市投下这么多血汗钱，到头来反而落一个投机倒把的骂声。"

铁老师说："请平息你的怒气，在这个金融市场，任何时候都没有绝对公平的事情。我们只能够去不断适应环境。人类就是在 250 万年进化中，从非常艰难、困苦、残酷的环境中生存下来的。从最初的猿猴、智人、站立人一直发展到现在的智慧人类，哪个阶段不是经过优胜劣汰的长期过程。所以，我们今天特地要选在井冈山脚下来成立全国打板客特训营，就是要提示大家，当年在井冈山的苏区有 30 万红军，由于在第五次反围剿战役中，红军高层执行了错误的军事策略，苏区遭受严重失败，红军被迫进行两万五千里长征。最后到了延安，只剩下了不到3万人。但也就是这3万红军不断壮大，打败日本侵略者，消灭了800万国民党军队，最后解放了全中国。我们就是要学习红军这种永不放弃战斗的顽强拼死、不屈不挠、百折不挠的战斗精神，坚信'星星之火，可以燎原'的精髓，把狙击涨停板的交易模式发挥到极致的顶尖高手水平。"

大漠苍鹰说："铁导，你这句话说到我心坎中了，我也是当过兵的，我相信如果我们这个特训营最后哪怕只剩下20人，这20人必然成为龙头战法的最得意弟子，将来成为九死一生存活下来的、高举红旗、最能战斗的佼佼者。"

铁老师竖起大拇指说："大漠苍鹰这句话说得豪气冲天，人是需要有一点精神志气的！此处应该有掌声！"

学员们情绪开始转为热烈，发出了一阵欢呼的掌声。

铁老师接着说："大家不要以为我现在讲的是一种励志课，只是给大家灌一个心灵鸡汤。我先给大家提前打一个招呼，我们接下来的课程也好，日常生活也好，都会相当艰难。肯定会自然淘汰很多人。很多人的炒股习惯可能都适应不了我们特训营的规则要求。这次我们并不是简简单单地讲些炒股技术的图形和技术指标，看看我身后这面红色大旗上的大字——全国打板客特训营，将来能够高举这面旗帜的朋友，有50%的可能会成为中国私募基金的领军者之一，但也有50%的可能成为一无所有的炒股客，甚至成了无法安稳安度晚年的悲惨炒股人。这不是吓唬大家，我给大家举个亲眼所见的例子，有个1992年的老股民一直炒股炒到现在，搞得家庭破裂，老无所依。到最后拿2000元工资做保安，还整天想着怎么从狙击涨停板和做高杠杆的期货中找回他40多年的损失。也就是说，你们这些打板客距离成功和失败，永远只有一半对一半的成功概率。要么凤凰涅槃成功，要么成为连根被拔的韭菜根！最后成功的打板客肯定少之又少，大浪淘沙剩下来的人，就一定是打板客精英中的精英。朋友们你们必须先做好这个严酷的思想准备，现在大家去休息，养足精神，明天我们讲第一课——打板客和脑科学的关系。"

第一章 打板客，你了解自己的大脑吗？

第一节 两个打板客在股市惨亏的自述

自述 1

（长夜漫漫 2017-12-16 14：50）

今年冬天可能是我人生中最难熬的冬天。过年就 30 岁了，都说"三十而立"，身边同学朋友都成家立业，过上安稳舒适的日子。但是我却在自己的 30 岁破产了，负债累累。

别说新手们，老手又怎样呢？即使你有过短线几万元到千万元的经历，也不代表你就是一个稳定盈利者。仅仅 2015～2018 年，我身边就消失了十几个千万到亿级别以上的投资者。其中一个非常有代表性的人物是 2015 年 50 万元起家，依靠涨停战法从 50 万元做到 6000 万元，然后今年的账户市值还剩下 100 多万元，当然即使如此，人家本金也是翻倍的。

可为什么我又要说无悔呢？因为在当今社会中，股市是唯一做到管理好自己就能发财的一个渠道,特别适合不喜欢应酬交际以及没有关系渠道、没有社会背景又想实现财富自由的人参与。

我炒股不算早也不算太晚,2011 年毕业就开始慢慢做股票了,之后 A 股一直是熊市,我也一直都处于稳定亏损中,好在有份较好的工作支撑着。2015 年通过融资侥幸赚了 300 万元,立刻辞职成为职业打板客。而出现三轮股灾后把从股市赚到的钱全部还回去了。尤其是第三轮股灾,我输红了眼,加大贷款加配资,最终爆仓。

2016 年、2017 年开始专心研究超短交易的狙击打板技术,但始终无法稳定复利增长,也在慢慢吞噬着所剩无几的本金。两年内为了弥补贷款的窟窿,不断借高利息小贷,并利用信用卡套现,最终到现在欠下将近 50 万元,实在已经到了借无可借、债务滚不动的山穷水尽状态了,手上的钱只能还到 1 月底的贷款。2 月需要向家里坦白了,很后悔连累了家人,让我们这个不富裕的家庭又雪上加霜!

自述 2

(高翠花　2019 - 02 - 16　13：14)

"2018 年的 9 月,我从循环贷又申请了一些资金出来,眼前就周转不过去,欠银行贷款、信用卡、小贷总计 270 万元左右,代别人操作认赔的 70 万元左右,这 340 万元是这三年多来在股市一分一分钱地亏掉的。我的房子如果能卖 240 万元,剩下的债务就是 100 万元,大略估算负资产 100 万元。我的三个朋友,缠论易经炒股亏了广州一套房,目前用信用卡套出的小钱在做股票,只有 8 万元本金,每个月还需要还 2 万元信用卡债务。明日彩虹是南方医学院在校的一个免疫学博士生,他在小贷公司借了 10 多万元,现在亏得股票账户只有几千元了。最难知行合一炒股近十年,信用卡 9 张,目前负债 70 万元!这里面有这几年在股市净亏损的,但至少一半都是亏在刷卡手续费和利息上,目前他基本上属于半职业股民,一半时间带孩子,一半时间炒股、做期货。目前,他现在已经产生恐惧症，怕走到社会挣几千元工资，面对巨额债务何时才能脱身！还担心万一刚离开股市找工作上班，股市就开始强劲大涨，出现一波中期反弹。"

上面的案例全部是打板客的真实经历。

第二节　神经生理学对人脑的最新研究

现在网络语言在称呼后缀上加什么客，通常是对专门从事某一个行业里技术里手的俗称，例如黑客、博客、映客，等等。打板客——专指职业狙击涨停板的超短交易者，由于狙击涨停板的超短交易具有高风险、高收益特征，有点类似于赌博，因此，对打板客的大脑进行科学缜密的研究非常有必要。我们要了解打板客在制定交易策略上是怎么想的？他们的行为受哪些逻辑支配？什么样的大脑活动更能够指导盈利赚钱的交易？什么时候大脑会发生错误导致严重亏损？

即使在神经生理学领域，学者对大脑反馈机制的研究历史也比较短暂，并且很少用于金融交易的研究。一部分美国心理科学家把人脑划分为情绪脑、逻辑脑和爬行脑（即哺乳爬行动物均有的本能脑）。爬行脑是大脑最古老原始的部分，对外界事物产生感情，让人们意识外界存在危险压力并产生条件反射和直觉等生理变化。人类是最情绪化的动物，情绪是人类最早产生的必要的神经元系统，实际上不过是一套自动反射弧，类似动物的条件反射。随着时间推移，从蚯蚓的几千个神经反射弧，到远古灵长动物生出几万个神经元，再到现代人的智慧大脑不断进化用于几十万到百万亿个神经元，人的大脑越来越精密了。

现在科学家知道，不光人脑中生长最快的一部分是新的大脑皮层，负责选择与计划决策，进行高级思考，而且身体也可以影响大脑新皮层的神经脊髓同步进化，控制身体肌肉组织的神经纤维群不断发展出体积更大的新大脑皮层。

人的新大脑皮层的理性和逻辑性更强，参与高级思维活动。大脑边缘部位是海马丘和杏仁核所在的区域，负责释放情绪的化学物质和神经递质。这部分大脑应对环境刺激，尤其是情绪刺激协调行为和内分泌反应的重要中枢。大脑的边缘皮层系统还影响我们的注意力，为我们留下情感记忆，决定我们的价值取向，激发我们的创造力，影响我们对价值的判断和合理的行动。

我们过去听到对大脑功能的评价存在不少误区，例如一味推崇理性和逻辑判断，贬低情绪和直觉。

脑科学证明，所谓长期以来，人们要么冷静谨慎地理性判断，要么非理性地直觉选择，这种非此即彼的选择二元对立法是错误的。现实世界太复杂，既需要利用准确而快的直觉，又力求做出理性冷静的逻辑判断。

人脑最重要的区域，在眼睛正前方的眼眶下平行方向的后脑，这个区域称为前额叶皮层（OFC），能产生迅速判断的直觉。当我们遇到外界的信息时，前额叶皮层首先会帮助我们判断一种想法是好还是坏。如果我们的心理不健康，或者大脑的神经元系统被部分损害，那么这部分大脑皮层就会使我们陷入抑郁、偏执和行为上瘾的深渊。

大脑的神经元系统能够自动检测到我们注意的细节，但这需要经过严格的训练。如果没有良好的培训，预测准确率就会下降。在大脑的另一个区域，叫作前扣带大脑皮层，如果我们预测错了，这个区域就会产生一个负面的电信号。前扣带大脑皮层聚集了丰富的纺锤体神经元，如同天线一样传递信息，比其他的神经元速度都快。

但在引导我们行为中，如果仅按前扣带大脑皮层产生判断，却很容易出错。这种就是不正确的伪直觉。

由此可见，在人们需要紧急处理事件时，大脑没有那么多时间进行逻辑推理，所谓灵光一现就立刻行动。

对于打板客来说，当你刚发现一只个股准备拉升涨停板，主力已经启动拉升，通常留给你判断决策是否为涨停板股票的时间，也只有不到15秒或30秒。如果你没有事先做好交易计划的准备，没有良好的判断能力，要么错过打板的机会，要么买错了股票。

喜欢运动的朋友都知道，在足球比赛的点球大战中，球只需要飞行不到半秒钟就能射进球门，而守门员除非预先做出判断，否则根本来不及做出反应。因为大脑皮层的岛叶部分的神经元系统处理信息相对缓慢。视网膜感知某一物体需要十分之一秒的时间，先转化为电化学信号，然后由神经纤维传向大脑视觉皮层区域合成图像。这会产生延迟，因而使人看到真实世界比实际时间要慢一拍。

人脑看外界信息时，类似照相机拍照，对关注的场景拍下照片，再把一连串照片穿起来构成像电影一样的场景。但人脑在一秒钟最多只能进行 5 次视线转换，视线转换比较慢，需要 300 ~ 400 毫秒时间启动，因此大脑有一种更有效的模式能够弥补即时反应的延迟。当需要快速反应时，人的大脑会切断通向逻辑大脑区域的通路，依靠爬行脑的反射自动行为和直觉处理。

爬行脑就是上丘脑，位于视觉皮层下方，是大脑比较古老的部分。人类祖先用上丘脑感知动物移动用于捕猎，反应速度很快。就像人的表情特别在大脑还未思维时，就开始由潜意识做出反应。人的神经反射弧的基本原则是：神经系统从基础到脑干再到大脑皮层越往上走，参与神经元越多，神经信号传递的距离越远，反应时间越慢。为了加快反应速度，人类学会了一个动作，即把这个动作的控制权下放给大脑自动处理的潜意识部分——直觉来处理，这就可以说明为什么直觉反应特别敏捷的原因。

训练有素的守门员，在对方运动员刚刚起脚射门的一霎间，已经依靠直觉提前扑往其预判的足球飞行方向。

打板客也是一样，久经股市的优秀打板客在遇到突发事件需要处理时，他们会不假思索摁下买卖的操键，因为这已经成为他身体反应能力的一部分。如果要做一系列的逻辑推理分析，由于大脑对海量信息数据的处理速度延迟，根本跟不上打板客应付突发事件所需的快速反应。

作为打板客，可能不需要有像运动员那么快的反应速度。狙击涨停板要求超短交易者反应特别敏捷准确，否则无法应付盘面变化。这就必须依据打板客的直觉，迅速做出决策。作为职业打板客，如果你的前额叶皮层不够优化。反应和决策不够迅速，行动滞后于市场变化，则根本无法在金融市场上取得先机，更不要说取得高收益和回避高风险了！

如果我们不能够了解打板客的大脑是如何运作，不了解如何科学使用大脑，就会和众多初学狙击涨停板的打板客一样，在残酷的竞争中败下阵来。

有的时候，普通打板客确实很难做到知己知彼。不了解自己智商和能力，不了解自己的性格弱点，不了解人性普遍存在弱点和心理学中典型的认识偏差，就会在交易中走很多弯路，养成很多恶劣的交易习惯。坏习惯是很难改的，所谓江山易改，本性难移！

脑科学家对于前额叶皮层产生的直觉尽管还在研究中，但很明确的一点是，直觉对于打板客们至关重要，甚至有时可以将直觉提到决定打板客交易生死的地位也无可非议。大脑在神经元产生作用的神经递质——多巴胺，都在前额叶皮层产生作用。前额皮质区适当分泌多巴胺，可以产生积极的情绪，积极的情绪又转化为高智商。

西方神经生理学曾有过这样的病例，一个建筑工人在施工中，被从建筑高层掉下的一根钢管戳穿了一只眼和后脑勺，所幸的是被抢救并治愈。然而这个表面看上去已经身体康复的建筑工人完全变了另外一个人似的，脾气粗蛮，性格极为冲动，动不动就和其他人搏命打架。那个建筑工人后来被美国神经生理学家鉴定是前额叶皮层被彻底破坏，导致无法自控的畸形扭曲性格。

所以，作为初入股市的打板客新手们，想在打板客这一行立足，不要听了某个朋友打板赚钱的故事，就立刻开户在股市狙击涨停板，那样可能在最短时间亏光好几年的积蓄。最好的方式就是找一个优秀的导师，按照严格按科学训练交易方法学习。这个课程绝非夸夸其谈，而是股票实战高手用"真金白银"总结的精髓，应严格按照一个成功模式和的程序按部就班地进行反复训练。这在西方交易员训练中是很成熟的模式，而在中国股市，很多新股民特别是小白打板客，往往依靠自己在黑暗中摸索前进，对自己的大脑智商、性格是什么样的状态，完全空白无知。所以很难在打板客这一行立足！

打板客能否成功，一个重要因素是胆量。要想成为一个优秀的职业打板高手，没有一点的赌性是成功不了的！

我们经常遇到这样的懊恼，本来看好一只强劲的龙头，而且前天晚上做了充分的复盘，但因为要在极短的时间做出决策，匆忙中按照顽固的交易老习惯，惧怕龙头上涨过大的表面风险，买了一只看似更安全的低价杂毛股。即便赚点小钱，也无法和买入龙头股的高收益相比拟。若行情一旦转换，龙头股强者益强，杂毛股反而更容易回撤很多，让不敢狙击龙头的打板客后悔不已。

敢与不敢？打板客经常很矛盾，反复考验打板客的勇气。但并不是一味盲干大胆就能取得好的交易成绩。虽然"赌性"有一部分是天生的，但打板客只有在不断顺利交易时才会锻炼出胆量。

狙击涨停板的交易也是这个道理，打板客如果在交易中失败很多次，心理阴影就时常干扰其胆量和日常决策的决心。交易屡屡失败，是形成胆怯的根本原因，人要么对陌生的领域没有胆量尝试，要么是失败的阴影影响胆量。

如果说胆量是打板客一个不可缺少的必要条件，一个典型的反例是，严重亏损后处于麻木状态，导致盲目大胆。这是一种相当危险的心理状态，打板客的大脑经过屡屡交易亏损的反复刺激以后，某些大脑平衡和神经元已经受损，可悲的是这些打板客还不知道自己的大脑出了什么问题。

著名心理学家对于年轻人痴迷通宵达旦地玩网络游戏，定义为行为上瘾，属于心理上的病态，并建议就医治疗。对于赌博容易导致行为上瘾，案例就更多了。嗜赌的人可以在一天内输光几十年奋斗的财产。在赌场的桌前，赌客那一刻根本无法确定自己在干什么，或者即使内心有一个清醒的声音，也被赌博带给大脑的快感淹没，疯狂如飞蛾扑火。

打板客高翠花的自述。她原来在三线县城的公务员，本有一份稳定的工作和一个温馨的家庭。最初，她可能是和老公在投资理财上的观念不合，导致离婚。因为独自负担沉重的房贷，为了尽快争取财务自由，高翠花采用了找配资平台借款、加倍杠杆的炒股方式，在 2015 年牛市的末期，奋不顾身杀进股市，虽然不懂什么炒股技术，但凭牛市中跟着上升趋势买入就能盈利的感觉，高估了自己的智商，低估了金融市场的风险，盲目动用了高杠杆炒股。这时大盘已经到了牛市顶点，在政府意识到股市过热采取降温政策导向下，牛市几乎如电梯掉头下落。

高翠花那点炒股经验已经不足以应付市场变化，但她每天还在疯狂地追逐涨停板，幻想有一日成为打板高手。结果这种高杠杆配置很快导致了高翠花的爆仓。

后来我们发现，高翠花的心理完全处于一种病态，她用信用卡公司办卡套信用贷款的方式筹集高成本资金不断投入股市，企图以小博大，尽快博回自己的不可承受的巨大财富损失。不仅亏光了自己原来投入 50 万元本金和 20 多万元利润，还亏欠配资商和信用卡平台共计 348 万元债务。

高翠花的案例在神经生理学上属于行为上瘾状态，类似于痴迷赌博的赌徒。一个处于行为上瘾的人表面看似正常，实际上大脑中前额叶皮层的神经元系统已经某种程度上出现了严重受损，只是自己还不了解这种状态而已。

中国股市中，还没有哪一个股民或者一个打板客愿意承认自己是行为上瘾，是在赌博！因为股民亏钱的病态心理和行为，都隐藏在投资股市的遮羞布之后，没有多少人专门研究有多少股民，尤其是打板客的大脑和心理行为。

在这种情况下，尽管很多打板客如同高翠花一样，外在性格多么顽强，意志有多么坚定，但年复一年月复一月，每日打板交易都会频频出错，哪怕用很少资金的交易"练习"试错，都只是付出极为高昂的学费，在错误的道路上越走越远。原因就在于，打板客们根本没有意识到自己的大脑状态已经极其不正常了，或者有时，理智脑还警告一下自己再这么沉溺于类似赌博的炒股方式，会彻底毁了人生，但这个理性的声音很快被情绪脑和本能脑的混乱状态干扰，淹没在继续努力奋斗博回以前的损失的无畏牺牲中。

大漠苍鹰听到这里产生一点疑惑，举手提问："铁老师，有不少高手在成功前也严重亏损到甚至不相信自己是可以从事金融交易的人才，后来通过坚持不懈的努力，最后走向辉煌的成功。这和你说的大脑科学相矛盾吗？"

铁老师："我问你，我们是不是经常见到某一位打板客总是管不住自己手，每次一到交易日，就喜欢追涨乱买，屡买屡套，一套就立刻割肉。有的打板客朋友，已经学过三遍龙头战法的课程，但只要他在交易看到盘中有个股上涨较快时就会产生冲动，结果总是买了一大堆的杂毛股，错失打板龙头的机会。"

很 Q 的小丸子郁闷地说："老师你好像说的就是我，因为喜欢短线交易连续五年，迷迷糊糊亏成了狗。在股市这五年，最大的收获是割肉无感，每一次学习超短而经过实战都是割肉收尾，每个月平均亏 3 万元左右，亏了就继续从银行卡充值到股市账户里，好比每个月打麻将输钱一样，只不过打麻将也不会连续亏损。幸好我不是用全部身价来博，神经也很放松照样吃好睡好。如果让我做中长线我肯定能赚钱，因为性格急躁选择了超短打板交易，亏损主要是自己悟性不够，亏久了也许就亏明白了，期待 2019 年好运！"

铁老师微笑："不是说你，而是像这样的例子非常普遍。打板客为什么会出现这个交易失误，因为这些失败的股民或者打板客已经养成了一个牢固的交易坏习惯。而坏习惯一旦在大脑根深蒂固，要想完全靠自我意识纠正是非常困难的。"

第三节　如何培养打板客准确的直觉

在人的大脑影响行为中，有一个黄金三要素法则始终在起作用，这三要素就是：环境、惯例和线索。只要你处在一种熟悉的环境中，只要有一个线索，引发你大脑记忆区域中曾经感觉愉快的感觉，哪怕是你的理智脑提醒你不应该这么做这个行为，但你仍然会在熟悉的环境中，按照以往的惯例继续你的习惯行为。

对于狙击涨停板的打板客来说，如果从一个小白股民，学习了一点技术分析的战法就杀入股市，在 2015 年大牛市时，用这种追涨的方式无脑打板，有可能在很短的时间奇妙地实现资金翻倍。如果你只记住了这一种追涨的模式，在大脑中产生一种愉悦的感觉，保留着赚钱美妙的记忆，那么在市场环境完全改变的情况下，还无法修正自己的交易模式，频频滥用无脑打板手法，在熊市交易中就会造成致命的交易亏损，屡屡得吃大面。大家应该都听过关灯吃面这个股市最新典故吧。

对于打板客来说，并不是你们每天盯盘 4 小时，非常努力地关注盘面情况，或者收市后还研究股票每天超过 10 个小时的反复练习，就能够提高个人进入专业打板客的水平。

大家都知道，狙击涨停板是一项高风险高收益的交易，由于认知和心理上的偏差，不管一个打板客的自我感觉有多么良好，曾经投入的资金大小，经历过某个特定的股市周期带来的市场环境的经验，都影响其后来或未来的交易成绩。在最初交易中形成错误交易行为越多，形成错误依赖的行为路径越强烈。通俗地说，也就是一到交易关键的时刻，就习惯成自然地按照自己的坏习惯实行操作。

有的打板客或者会反思自己错误的能力，在每次交易后意识到自己的问题和错误都会后悔不已。然而就是没有办法做到知行合一，始终管不住自己冲动的手，陷入一种交易亏损—反思总结教训—交易中无法贯彻修正模式—再次交易出错—懊悔无穷的恶性循环反复中。尽管打板客不断学习优秀的技术分析或者新的打板战法，但学习归学习，交易归交易。正确交易的执行力始终无法落实到实际打板模式上。为什么？因为你们不了解自己的大脑究竟是在怎么样的状态运作的，也不知究竟大脑区域出现什么问题。如此，在不科学的学习中，就无法彻底改变自己的坏交易习惯！

笔者相信昨天来参加特训营的全国 500 名报名者中，有一大半都属于这种类型的交易者。有案例显示，从学科上看，精通高等数学和物理的理工科毕业生，在对股票各种技术形态和指标分析上的能力远远超过文科毕业生。这是为什么？因为人的大脑处理系统是通过眼睛里 1000 多万个锥杆细胞，将外界看到的事物分解为一个个光信号，然后汇聚大脑中到 100 多万个大脑的神经突触上，由这些神经元系统综合进行重构图像组合，再输入大脑不同区域而综合影响我们的思维和行为。大脑对外来的世界每次都会接收几百万比特的海量信息，但人脑的处理能力，远比不上电子计算机也就是电脑的处理速度。对于人的理性脑——左半脑来说，每次只能处理 16 比特信息。大脑对外界的信息并非简单像我们比喻中照相机拍照片那样，大脑对于预定的信息进行处理时会出现光信号的传输间断，这个过程需要 20 毫秒。因此，人的大脑看到的信息实际上都是滞后的信息。这也就是当你在骑车的运动中看马路当中一排竖条的横栏栅时，会产生对面墙壁在移动的错觉。然而大脑有一套成功的模式能够还原重构外界的真实世界。因为在人的大脑中有一套潜意识系统，可以在过去的识别模式中成功地运作，从而就能够识别需要的信息，迅速地做出判断和决策决定。

学习理工科的人在从中学到大学的学习过程中，一直培养快速分析识别各种抽象图像和数字的能力，这使得他们的大脑处理信息的优化程度相对高于文科毕业生。如果同样进入金融行业时，理工科毕业生的优势在较短时间就显现出来了。理工科的打板客也是这样，比一般股民更具有先天的优势。

一个顶尖的职业打板客，或者说专业的交易操盘手，虽然还没有大脑科学研究报告，证明他们的前额叶皮质层比一般打板客特殊，但根据现在最新的脑科学进展和水平，我们可以判断，这是他通过不断练习、自我批判过程中优化自己大脑的积累过程。

打板大师级人物的大脑结构，无疑要远远比一般股票交易者优秀得多。我们经常听到顶尖高手或者交易大师说在股市有一种奇妙盘感，西方金融界用的词汇比较高级——直觉。

神奇的直觉一直是超短交易者渴望的一种似乎只可意会不可言传的交易技术。以私募高手徐翔为例，我们姑且不论他之后犯法的事情。早先徐翔在宁波还是一个草根打板客时，每天交易和研究股市十几个小时，但接触过他的同事都公认徐翔有极其敏锐的直觉和高智商，尽管他的部下学历都是硕士、博士，但他许多高学历的部下却非常佩服这位仅有高中文化、年纪轻轻的徐总。因为徐翔经过千百次的刻苦练习，加上极高的悟性，在他的大脑神经系统之间肯定形成了非常敏锐反应极快的直觉，在他的大脑的三个区域，不管情绪脑、理智脑还是本能脑的直觉，都能够保持统一、高效、准确的运作，形成股市交易的超高智商，或者我们说是一种高钱商，每遇到股市关键时刻都能快捷、高速地做出正确决策。

国际金融界著名大作手利弗莫尔15岁就从事炒股，他小时候数学就非常好，心算能力特别强。他在回忆录中描述他如何运用预感操盘时写道："这事发生在1906年春天，当时我在大西洋城度过了一个短暂的假期，与我同行的朋友也是哈丁兄弟公司的客户。我在股市上没有任何投资可尽情休假。每天早上都有顺路去进去看看开盘情况，这纯粹是个人习惯而已。因为我实在没事可做，我们发现股市非常强劲，而且交投活跃，我的朋友对市场非常乐观……他开始告诉我持有股票静待更高的价格很明显是最明智的做法。我没有太专心听他说话，也懒得附和他。我看了一遍报价，注意股价的变化，大部分都上涨了。然后注意到联合太平洋公司。我有种预感，觉得应该沽空它。我说不出为什么。第二天，完整的报告出来了，市场开始滑落，但跌势并非很强烈。我知道天底下没有什么事情能阻挡股市大跌，于是我继续沽空又估出 5000 股。这天开始股市后转向悲观。我认为一切都值得，于是想得寸进尺，在加倍沽空，孤注一掷，又沽空了 1 万股。我认为自己的预测百分之百准确，而这是天赐的机会。"

利弗莫尔提到的预感，就是我们说的直觉反应，在利弗莫尔那个年代，他不能了解直觉是怎么在大脑中产生的，但他却能敏锐抓住直觉，利用直觉制定操作策略。因为利弗莫尔相信直觉，所以他不但不随大流和他朋友一起追涨买入股票，反而卖空大盘股联合太平洋公司，他在这只股票沽空上赚了 25 万美元，相当于现在的上千万元。利弗莫尔在他回忆录中还数次提到他如何运用直觉迅速积累财富和回避了巨大风险，可见，要成为一个顶尖高手需要大脑智商达到非同寻常的状态。

直觉和大脑的逻辑分析在大脑中是两个不同的系统，我们说过直觉会直接根据某种识别模式提示你该怎么决策，而在股市中，准确的直觉的珍贵程度堪比白金。而像高翠花这样失败的打板客，或者像前面提到屡不改正的难以管不住自己手不犯错的打板客，不幸的是，他们在过往的炒股交易中，由于历史中屡屡失败亏损，保留在他们记忆中间的打板或者说狙击涨停板的交易模式存在严重漏洞（Bug）。

当打板客交易模式不能适应市场变化时，就导致心理和行为不断发生偏差，智商随着交易坏习惯的反复循环持续下降。到了"晚期"，基本上按上海欧巴说的那句上海话叫什么来着？

上海欧巴用上海话说："脑子瓦特了。"

铁老师一击掌："对，就是脑子坏了。我希望学员听到这句话不要以为我在侮辱你们的人格。我是用重锤敲醒那些痴迷于无脑打板或者以为只要学习到打板战法的几句心得，看了几个高手帖子就可以迅速得道升天，成为优秀或者顶尖打板高手的股民朋友，你们只听说过股市中赵老哥八年一万倍的打板神话故事，却根本不知道自己和顶尖打板高手的大脑差异在什么地方，这样盲目地成为打板客，必然是一将功成万骨枯的结果。"

有个学员说："老师，我真是经常猜中龙头，有时通过浏览股票吧，看到高手推荐的龙头股，也表示非常认同，但就是觉得已经涨了太多了，风险很高，一转念就买入低价股，或者才刚刚涨起来的首板或者二板的个股，结果最后眼睁睁地望着龙头股绝尘而去，后悔、痛恨自己啊。"

铁老师："你这个的心态就是一个典型的心理学认识偏差。因为你没有经过科学的狙击涨停板交易的培训，也没有经过老师指导的练习阶段，在心理学存在这样那样的认知偏差。所以你会很自然地反复出现交易关键时刻的犹豫和怀疑态度。"

西方著名的海龟交易培训课程证明，一群素质普通的学员也可以通过在一个很优秀的特训班，在一个成功的交易模式的学习培训下改善自己的交易成绩。因为在一个科学的金融交易培训营地，有客观监督、优秀的交易者教练盯着你的交易过程，发现你的交易失误在什么层面出了关键问题。从客观的角度发现你技术上的不足，更重要的是察觉到你在心理学上和大脑运用上存在的严重的偏差，把脉你自己所不能认识的错误，更好地开发学员大脑中潜力，帮助学员纠正交易行为偏差，培养准确敏锐、迅速的直觉。

特训营提供的特殊环境和优秀的导师对学员的训练，不是一个打板客自己能够完成的大脑优化过程。除非你是一个智商极高、自我学习能力极强又善于听取他人客观良好的建议，不断修正自己的交易模式的打板客。

爱因斯坦曾经说过："主宰宇宙的相对论，不存在发现基础定律的逻辑方法。只能借助对表象背后的自然法则的直觉。"爱因斯坦是全世界科学家都公认的天才。连他都这么相信直觉，可见大脑功能是否优秀、高效率，基本上决定了一个打板客的后半生交易成绩。

在爱因斯坦去世几十年后，一直有人试图通过解剖他的大脑来发现爱因斯坦能够成为天才的奥秘。但早年的大脑研究方法，无法通过从爱因斯坦的大脑切片上得出他异于常人的天才智商的答案。因为爱因斯坦的大脑重量，只有120克，常人的大脑却有160克，爱因斯坦的大脑重量还低于普通人。然而现代脑科学通过对大脑神经元的分析，对大脑有了更深入的认识。他们发现虽然一个白痴表面上看起来也是认知正常，有计算能力和思考能力，由于只要他的前额叶皮层也就是大脑的直觉能力遭到严重破坏，性格就出现了巨大、可怕的转变，完全失去了自我控制能力，此时大脑在做事和思考都处于白痴状态。

北京李阿姨曾经有三套房，大家可以想象一下，在北京有几套房而且都在闹市区是多少财富，最少也几千万元吧。但她也是因为和老公离婚后，想开解一下自己的心情进入股市，迷上了炒股的感觉。从2015年下半年开始不断地亏钱，账户中买入的几十只个股被深度套牢，不惜陆续卖掉三套房去补仓。结果2016年股市熔断股灾，跌到最后无法再忍受看到账户的钱每天亏十几万元，在恐惧和无奈中割掉所有套牢股。资金账户就剩下20%。她得了脑中风，治愈后还不甘心仍然继续炒股，不断借钱投入股市，最后，亲戚朋友都躲着她，子女也远离她，孤家寡人每天以交易打发时间，以股票行情为伴。

你们想想，凡是那些通过借钱还在炒股的股民或者打板客，无非分为两类。一种是原先极度厌恶风险，看到自己省吃俭用的金钱投入股市，原本的期望是赚取比银行高几个点的理财效应，结果被深套账户资产大幅缩水后，不惜通过借钱的侥幸心理来幻想一次赚回自己巨大的财富损失；另一类本来就极其喜欢冒险的性格，热爱上狙击涨停板交易中的类似赌博的快感，每天追击涨停板不舍，尽管亏钱破产却非常兴奋。

贵大胆闷闷地发声："铁老师，你这是点评我的交易状态吧，我就是最直观、活生生的反面教材。每当我的交易系统没有找到合适的股票时，也不愿空仓。因为贪婪侥幸，总是选择模式外的交易，我知道自己为什么会亏损，但就是管不住手。这让我很苦恼，很无奈。曾经百万的我亏到还有15万元的时候也有人这样给我说，15万元很多了，保住本金。可惜我听不进去。以前账户有百万元资产时一天就几万元的盈亏，15万元资金自我感觉就是剩下的渣渣，无所谓了。如今亏得只剩 4 万元，才反思当时要是保住那 15 万元资金，还真的是太宝贵的一笔本金。"

铁老师没有正面回答贵大胆的话，接着说："学员们，像我提到的这两类交易者股民的典型，你们对照一下自己，是不是多多少少能找到一个影子。其实这都是大脑出现了病态。因为各人情况是多种多样的，每个人的需求也存在很大的差异。有人认为只有开发出算法语言的机械高频交易系统就可以取代交易员的优秀，机械高频交易系统在交易的计算和完成的某些方面肯定是远远超于人脑的，还有一些机构专门挑选't＋0'的交易团队针对一些基金的主力机构被套的大量筹码，反复做't＋0'交易，降低成本高抛低吸。"

但一般的打板客没法花像大机构那样花巨资研发或购买高频交易系统，也没这个必要。打板客只有依靠自己的高智商和出众的反应能力在股海中搏杀，而准确敏捷的直觉并不是靠天天盯盘、随便听几句炒股格言就能培养训练出来的，需要一整套大脑系统科学的特训课程。优秀的打板特训营必然会应用脑科学制定科学的培训课程。我们这里说的脑科学不是纯医学研究，而是集中神经生理学、心理学和概率学三个方面泛脑科学成果，对学员们做重塑交易习惯和交易模式的设计。过去有一小部分的高端私募基金也做过类似交易员培训课程，这类课程对改善打板客的智商和盈利水平会有很好的帮助，绝非光靠学习普通的股票技术就可以弥补。

在金融市场上充斥的预感本能和直觉的传奇故事，但人们只愿意相信这是传说，眼不见心不死，不去追究细节只注意成功大神的成功光环。量子基金创始人大师乔治罗斯就承认他会依靠本能做决策，他说："我在投资决策时，时常感到背部疼痛，就认为是一个信号，表明投资组合策略出了问题。"

人类的大脑，分为直觉反应和理性逻辑推理两个大脑系统，直觉是潜意识的反应，不需要费力而且保留大脑的各部分跟身体之间神经元的系统配合，能够迅速地做出决策。但直觉无法追溯，我们不知道直觉是如何产生的。而理智思维的推理是开动大脑逻辑一次又一次的推理步骤、循序渐进地做出决策。这种理性决策可以回忆如何思维的过程。然而人们苦恼的是，经常发现我们的直觉似乎有时正确、有时又是错误的，那么究竟什么直觉才值得信任？特别是对打板客来说，这个答案至关重要！

著名心理学家认为，直觉是对大脑成功判断模式的识别。如果一个老练打板客在大脑中储存几百个强势股票的技术图形，几十种可以预测的涨跌模式，就可以比常人更快地做出判断和决策。

打板客要想培养出可靠敏捷的直觉，需要几个条件：

第一，所处的环境必须有规律地重复产生相同的模式，才能够逐渐地学习，掌握到技巧。对于打板客来说，所处的股市如果在一个时间周期内是相对稳定的趋势，例如牛市是固定上涨趋势，熊市是一个固定下跌趋势，那么这样就比较容易形成稳定的识别模式。而对于反复无常的涨跌、速度又很快的情绪震荡市，就不容易使打板客建立起一套稳定快速识别模式。

第二，固定模式经常反复出现，能够使大脑反应系统及时收到反馈信号，这样才能改进学习成绩，是最能够满足这种大脑识别模式的路径。但对打板客来说，股市反复变动难测。有效市场假说是一个控制了金融市场几十年的权威理论，这个理论认为没有人能够完全预测市场，也没有人能够跑赢大盘。我们经常听到打板客大师的故事，充满着神话的光环，很多人都忽视了其中的运气成分。是不是没有任何交易大师能够持续地战胜市场本身呢？如果真的是这样一个悲观结论，那么打板客听起来就感到无比沮丧。因为似乎没有光明可期待的道路可走，幸好还有很多成功的案例激励着一代又一代的打板客努力奋斗。

直觉是否值得信赖？答案取决于我们如何训练自己。如果掌握优秀直觉的技巧是正确的，直觉就值得依赖。但并不是单纯信任平时大脑中一下跳出一个似乎叫直觉的本能反应。

本能反应并不等于优秀的直觉，实验心理学家测试对象参加摸两副牌，一副是可以赚的150～200元的牌，另一副牌是会输掉500～1000元的。通过实验对象的皮肤导电性测试，发现如果是有经验的扑克选手，他摸到会输钱的那副牌时，就会出现紧张焦虑的反应，从而手心出汗，然后缩回手自动转向比较容易赢钱的那一副牌。经过几个回合选牌以后，扑克选手大脑中产生了自动识别模式，潜意识、直觉上能够认识哪些牌是有危险的。实验心理学家通过这个实验证明了准确良好的直觉可以通过训练产生，盲目依赖的本能并不是直觉。也许一些打板客有时清醒反思一下，由于学识的缺失，往往也以为是自己炒股和打板的技术储备还不到位，匆匆学习了某个高手的一点经验，在交易中某个时间段有了一点短暂的进步，可能很快就进一步退十步，交易成绩一落千尺，形成反复的恶性循环，固化了交易的陋习坏习惯而无法自拔。

科学家曾经做过实验，让 8 岁的儿童选择吃棉花糖，如果马上吃就只能吃一小块，如果肯耐心等待一下，一小时就能够拿到一盒棉花糖。对于 8 岁的儿童来讲，他的"直觉"是立刻吃糖就感到味觉愉快的本能反应，所以很多儿童控制不住自己的本能，虽然明知道多等待一下可以拿到更多奖励（一盒棉花糖），但就是控制不住自己的欲望。而能够控制自己，理性等到一小时以后去拿一盒糖的儿童，根据科学家的研究，在长大以后，在事业和发展方面都比较有成就。

现有的专业知识转化为直觉，不需要大脑再反复推理分析。然而如果没有勤加练习，产生准确的直觉几乎是不可能的。现有专业知识转化成直觉过程并不是天生而来的！按照西方科学界不成文的定律，想成为某一个领域的世界级专家，或者说一国行业内顶尖专家也好，至少需要练习 10000 小时。也就是你如果想成为一个小提琴家或者武术家，需要坚持每天练习至少 3 小时，那么 10 年你才能有可能够成为这个领域的专家。

然而单单凭练习还不够，专业和经验不一定能够排除偏见的困扰，从很多医学和金融学的学生中都可以见到很多的案例，由于认知的谬误和偏差，他们无法刚毕业就能上岗。对于职业狙击涨停板的打板客们来说，如果你仅仅每天在股市中交易和盯盘 3 小时，那么需要 10 年才能成为职业打板客。注意我们这里说的花上 10 年时间，只是或许你可成为一个有相当经验，也许可以较为稳定盈利的职业打板客。

而职业打板客距离顶尖高手还有相当大一段距离。因为并不是依靠频繁的交易"练习"就一定能成为顶尖高手。一个真正的短线交易大师级高手，如赵老哥那样 8 年一万倍，成为一方赫赫有名的市场游资领军人物，其中的艰辛和运气成分只有其本人才知道。炒股新人往往只知其一不知其二，错误把一个顶尖高手的经历和辉煌战绩当作唾手可得的模式去模仿，却不知曾有多少打板客在这条路上竞折腰。要想培养出准确敏锐的直觉，没有经历艰辛的过程和长时间的磨炼基本上不可能的。除非你有先天优质的天才禀赋。

上海欧巴："有一个高手曾写了一个修炼打板心法的帖子，对我的影响很大，其中有一句话是'慢即是快，不追求短线暴赚，而追求长期稳定获利，在这个市场长远地生存下去'。"

铁老师："这句话总结得太到位了，堪称经典！完全可以成为我们特训营每个打板客床头的语录。对于一个首届打板客特训营来说，我们主办方希望通过对泛脑科学的研究，使学员们广泛从各方面受益，能够正确地面对财富，提高自我反省、自我纠错的能力。尽可能了解自己的大脑状况以及在性格、智商、钱商上的优势和劣势，懂得如何扬长避短，通过学习使学员们学会一整套运用脑科学制定短线交易策略，以及狙击涨停板的技法，当你们经过严格的心理学和技术层面的培训，包括在日常生活加强高度自律的修炼以后，能使你的人格素质、情商和钱商有相当大的提升，去掉原先大脑中所谓非正常的杂质，更加完美地协调大脑各个区域配合，提高大脑神经元系统的正确反应速度，增加了更多的神经突触，矫正了原本中亏损累累的交易中损害的大脑皮层，重新培养起正常的直觉反应。

这样一来，即便你们五年、十年后没有成为像市场一方游资主力大佬，或说得文艺一点（私募首席操盘手），可能由于运气关系不属于按社会推崇的成功方式被他人认可，没有在耀眼的光环下频频出现。然而，你大脑智商极大地提高和人格素质焕然一新，将有助于你今后长期的生活和事业、感情和家庭上的双丰收，成为左邻右舍羡慕的、幸福的财务自由人士。到那时，你足以笑傲江湖，坦然面对社会，无所谓那些世俗的眼光了。而不是像现在这样投了前半生积蓄到股市中，反而在社会上被人看作无作为的废人、可笑之人。

这就是我们这一个特训营课程为什么非常强调要高度重视、更加科学地开发大脑智商的原因。我们的课程第一大部分主要是讲基础篇，这和其他股票培训班单讲技术形态和技术指标不一样，我们研究的是专门针对狙击涨停板的短线交易者设计的泛脑科学，希望提高每一个愿意坚持到课程结束学员朋友的智商。"

贵大胆鼓掌大喊："好期待啊，铁老师，你能不能把课程加快一点，前面的大脑研究现在也讲得差不多了，尽快给我们讲怎么运用直觉打板的技法。在特训营两天，我的手已经很痒了，恨不得马上开始看盘交易和打板。"

铁老师微笑："中国有句老话，心急吃不了热豆腐，欲速则不达。"

大漠苍鹰拍拍贵大胆的肩膀："老哥，老师刚刚才讲我们应该把'慢即是快'的语录贴到床头，你转身就忘啦？是不是应该把语录写在布条上扎在额头才能时不时提醒自己？"

学员们发出一阵哄然大笑。贵大胆连连点头作揖："老师，我错了，我错了！"

铁老师："我就喜欢贵大胆的爽直性格，告诉大家，要想成为一个成功的优秀的打板客，有一项性格指标很重要，就是必须要有点敢于冒险的赌博性格！千万注意，我这里说到的赌性是带引号的，就是既然你们选择做打板客，必须要有一定的胆量和勇气。胆小、过度谨慎、极度惧怕风险的性格，肯定是不适合从事狙击涨停板超短交易，也不可能成为一个优秀的专业打板客！"

思考题

（1）大脑可以分成哪三个类型？

（2）直觉是在大脑哪个区域形成的？

（3）为什么日常生活的严格修炼可以提升大脑智商状态？

（4）明天的思考题：一名深圳华为工程师在 2018 年 11 月中旬看了媒体报道，周期天王周金涛对经济周期的宏观预测，坚信 2019 年的股市有大机会，于是卖掉三套房，筹集巨额资金进入股市抄底，你怎么看这个事情？

第二章 打板客妙用经济周期理论抄底股市

第一节 怎么看周金涛的康波长周期

第一章思考题是：华为工程师在 2018 年 11 月，提出卖掉自己的三套房来抄底股市，这个工程师是根据专门研究经济周期理论的中信建设首席经济学家周金涛的康波长周期的预测。

对于从事高风险交易的打板客来说，周期预测天王周金涛所说的一个康波理论是什么经济周期呢？首先我们要了解到什么是经济周期？在现代宏观经济学中，经济周期可以分为上升和下降两个阶段——经济景气和经济衰退。1926 年，苏联经济学家康德拉季耶夫（1892～1938 年）提出的大周期（或称康波），康德拉季耶夫主要是根据西方长时间的商品价格变动的时间序列做了综合统计得出这个结论的。他认为由于经济结构的变动，经济周期中存在一个很长的大周期。我们知道，经济周期是马克思专门研究的理论，马克思最早对资本主义经济危机进行分析，得出由于固定资本的投资和市场消费无法均衡，7～8 年就会出现一次经济危机的结论。马克思的经济周期用四个阶段来划分，分为繁荣、衰退、萧条、复苏，这和朱格拉周期每 10 年一次发生的统计大体相符。这种 8～10 年发生一次经济周期源于工业生产中固定资本的更新年限，而康波长周期为 50～60 年一次，是经济结构升级变迁的超大周期。

然而，从统计学的角度分析康波，虽然康波长周期得到现代经济学界的认可，但却属于一种经济理论假说。为什么说是理论假说呢？因为经济学界至今对对于康波长周期的时间测度也不是统一的，有的说是康波长周期始于 1972 年，已经经历了四次康波长周期，平均一个周期历时 52 年。也有的经济学家，包括诺贝尔经济学得奖者认为康波周期到目前时经历过三次，还有学者只认可康波长周期才经历过两次半。

经济学界对康波长周期的时间测度分歧，可能和康波长周期的统计样本有关。从统计学来讲，一个康波长周期要经历 50～60 年，而资本主义工业社会从开始到现在还不到 300 年，所以统计样本是非常少的。

对统计学来讲，统计样本越少，只可能是符合一个小数定律。通俗一点说，就是预测准确性相当小，好比黑天鹅事件很罕见出现一样。在统计学上只有是大数定律时，才是用以预测大概率会发生的事件。

什么是大数定律？统计学是一门计算概率的数学，概率是一个从赌博发展出来的数学理论，概率通俗说就是可能性，概率的取值为 0～1，不会超过 1，用非数学语言表达：我们预测事件发生的可能性的准确率不会超过 100%。这个大家应该很好理解。

在统计学上用抛硬币的方式验证究竟出现正面的次数多还是反面的次数多，经过统计学者实验，如果抛硬币的手势没有特殊动作，那么把硬币向上抛 25000 次，结果是正面和反面各占 50%，这就是通过非常多次的统计样本得出的大数定律。用大数定律才可以预测一个事件，90% 以上概率会发生。

那么，周金涛是如何分析出 2019 年会出现一个中国人在人生财富集聚的大机会？我们来看康波长周期，如果从工业革命中期开始算，1870～1929 年为第一个康波长周期，1929～1987 年为第二个康波长周期，如果我们取康波长周期从 50～60 年的算术平均数，每个康波周期大约 55 年。从 1987 年美国发生严重经济危机到 2008 年次贷危机蔓延全世界，第三个康波长周期还未走完，也就是可能在 2042 年或 2047 年左右才完成。

如果按照经济周期上升和下降的两个阶段划分法，康波长周期曲线符合统计学中的正态分布的状态。如图 2-1 所示：

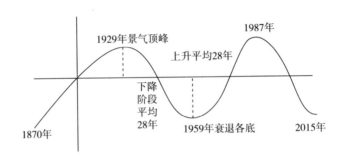

图 2-1

根据康波长周期理论，1987 年的美国经济危机正好处于康波长波的顶峰，然后出现下降拐点。那么接下来的二三十年全球经济应该是走下坡路，从 2008 年的次贷危机导致全世界经济进入一个下降的阶段，这个还是符合康波周期预测的。那么 2015 年应该进入到了一个谷底。

按经济周期四个阶段划分，经济从衰退进入萧条以后，会逐渐缓慢见底回升。但这是为了简化分析，而实际上康波长周期在每个国家产生的影响都不一。

正如笔者刚才给大家说的，康波长周期的数据样本太少，这样统计出来的概率准确性就可能相当粗糙，很难预测到究竟在哪一个时间点，经济或者股市将会发生拐点。

只有准确预测康波长周期的顶部和底部发生拐点的时间，对抄底股市的短线交易者才有重大意义，因为短线交易者最担忧的是未来的不确定性和不可估计的风险事件。一个完整的康波长周期跨度要 50～60 年，这之间的时间差异就有 8～12 年。我们假设那个华为工程师认定周金涛的预测绝对可靠，在 2018 年 11 月，他卖掉三套房把资金投入股市。由于康波长周期是全球的经济周期，但每个国家的经济周期又不一定完全吻合康波长周期，当一个熊市反复在底部震荡时，是最能消磨投资者信心或绞杀交易者本金的阶段。如果股市为熊市且持续延长一两年，那么，这个华为工程师投入的资金深套股市中，那时他可能就完全失去信心，为了保护最后一点本金选择割肉，卖掉了所有股票。结果也不知过了多久，中国股市真的开始反弹甚至反转了，牛市来了，但过早抄底的人成为倒在黎明前的牺牲者。

大漠苍鹰说："老师，如果一个价值投资者信奉长期持有优质蓝筹股的方式，用闲散资金在股市底部区域买入，把投资收益回报率的时间延长到 5～10 年，是不是就会避免你说的这种亏惨的结果？"

铁老师说："大家都知道价值投资理论的倡导鼻祖本杰明·格雷厄姆，他是巴菲特的老师。但在 1929 年世界经济危机后，格雷厄姆运用他的价值投资理论过早抄底美国股市，结果几乎破产！有没有人敢用 10～20 年长期持有股票的思考，依据康波长周期抄历史大底部呢？笔者认为这是非常困难的。大家也许都熟悉万科大股东刘先生，从万科上市一直持有万科到现在，他投资万科的投资回报率高到 600 倍以上。但你们想想，A 股在深圳上市时加上南玻才 6 只股票，现在 A 股数量已经多达 3300 多只。

"在股市投资中，天生就存在一种对持有早期原始股有很好回报率的奖励机制，再加上最早上市公司数量极少，假设在最早的深圳上市公司中一定会出现一个未来的行业领先者的话，那么刘先生买中万科的概率是 1/6，而现在能选中未来龙头行业的概率是 1/3300。也就是说，现在你从股市中选中一只即使持有 20 年，将来可能成为万科那样给你巨大投资回报的股票的可能性也很小。

"2003 年，中信证券研究所的负责人召集各行各业的知名 CEO，对未来 15 年 A 股中会出现行业龙头地位的上市公司做了一个预测，预测结果还算不错，选取的 30 个上市公司中，有 11 个成为了中国经济中的佼佼者，如青岛海尔、万科、格力、美的，等等。但我们用概率计算，这些首席专家选中长线大牛股的成功概率为 11/30，约 1/3。设想一下，如果在这个 30 只股票组合中，基金经理人曾因为看好生物制药行业选取了 ST 长生公司，那么投资组合中长期投资回报率就会大大打一个折扣。因为 ST 长生的退市可以导致基金组合中最牛的大牛股为基金净值的贡献被抵消为零，这不是随口胡扯，在 ST 长生事件中确实有很多公募基金被套，包括乐视网出问题也一样。所以，对于我们从事狙击涨停板的打板客来说，既然我们选择了一个和长期持有股票不同的超短交易模式，就必须尽可能回避短线交易中未来高风险，我们一定是要尽力精确确定消除未来的不确定性。"

很 Q 的小丸子问："老师，按你这么说法，我们想在 2019 年抄股市底部，没有很大希望了吗？"

铁老师笑着说："对于狙击涨停板的打板客来讲，最担心的也就是未来风险无法精确估计。因为我们就没有办法根据股票的胜率和赔率进行'下注'。所以根据康波长周期来制定狙击涨停板的抄底时机是不太靠谱的。这不是质疑周期天王周金涛的预测能力，笔者可以很负责任地告诉大家，周金涛所以预测得比较准，绝对不是单单靠计算康波长周期的这个平均时间如此简单，笔者相信他自有不向外部公开的研究秘诀。之所以不提倡用康波长周期预测股市，是给大家灌输一个重要的交易理念，打板客在运用你们大脑进行理性思维时，尽可能用更适合打板客高风险、高收益的特点来确定交易的确定性！"

第二节　善用基钦周期更适合股市抄底

这里笔者给大家推荐一个经济短周期——基钦周期，这是一种短经济周期，平均长度三年半左右。这在经济周期的统计样本数量上，因为有更丰富的数据，就显得更加可靠、接近符合大数定律。

我们以上证指数为例，看看基钦周期和中国股市的吻合度和准确性，从 1991 年 7 月到 1993 年，股市从 100 点上升到 1442.3 点，股市见顶进入熊市，1994 年 8 月到 1997 年 5 月，上证指数从 325.8 的最低点上升到 1510.17 点，1997 年到 2001 年 6 月，从最低点 1087 点上升到 2223 点，2005 年到 2007 年 11 月底，从

1004 点上升到 6424 点，因为是一个特大牛市，出现长短周期的叠加，2007 年 11 月 30 日从 6124 高点跌到 2013 年 6 月最低点 1849.46 点，从 2013 年到 2015 年 6 月，从 1849 点强劲上升到 5178 点，然后又出现牛熊转换，从 2015 年的 6 月，到 2019 年，又差不多三年半（注：指数按最低点和最高点统计）。

从上证指数这个牛熊转换的周期的统计样本看，基本和基钦周期相符合，平均三年半一个周期转换。除了 2007 年特大牛市叠加了长短周期，调整时间也相应延长到 6 年多。所以这样看，2015 年国家牛市见顶后又过去三年半了，2019 年股市应该有较大机会从谷底走向回升。

这样用符合大数定律的基钦周期来预测 A 股行情，是不是更加符合我们从事短线交易的打板客朋友们。既然对于我们这些打板客来说，狙击涨停板是一项高风险高收益的交易，我们首先要尽可能消除未来的不确定性。大家都知道，每年基本都有"二会"行情，老股民把这叫作维稳股市的春季攻击行情，一年之计在于春。根据商务部发布的数据，2019 年的春节黄金周消费增速首次跌破两位数，过去的 5 年，这一数字从未低于 11%。微信群里有人戏称，2019 年的微信红包数量和大小都明显不如往年。有券商指出，2019 年春节的消费情况一定程度上反映了去年下半年以来零售业的低迷态势。这说明持续到 2018 年的深度熊市和贸易战已经波及到中国老百姓的消费水平了，人们开始担忧未来经济前景的不确定性，捂紧自己的钱包了，这是一个很大很深刻的经济问题。2018 年由于美国发动贸易战，中国经济面临国际外部环境严峻的形势，内需消费是拉动经济的一个重要动力。

经济周期总是在人们最悲观的时候见底，尤其是股市，这时显现经济晴雨表的作用。打板客都知道，在股市抢占先机比得是谁的智商高，春水未暖鸭先知，我们要先人一步预测股市的大机会，用笔者观点基钦周期比康波长周期更好。笔者曾运用这个方式预测出 1996 年的大牛市，所以这不仅是一个学院派的经济周期理论，在笔者看来极其具有股市实战意义。

对于打板客来说，如果你们学会计算基钦周期，再结合每年的两会行情，就可以预测在 2019 年春季将形成一个股市共振点。这时我们遵从顺势交易，沿着最小市场阻力路线去抄股市底,狙击涨停板打板,就有更大胜算、更多的机遇。这比单纯信任专家预测的康波长周期要更靠谱。笔者这反复强调一点,作为打板客的学员们,首先必须牢记一个铁的原则,顺应市场趋势,而不是过早地预测股市顶部和底部。顺势交易不管是短线投机也好,价值投资者的波段交易也好,都是交易上最重要的金科玉律!顺势交易就是沿着市场的最小阻力路线前进,众所周知,逆水行舟不进则退。顺势可以用最小风险、最省力、省时和相对少的资金去获取最大的投资收益。因此,在这堂课中,教给你们学习的不是纯经济学理论研究的经济周期,而是尽可能用统计学上更可靠的数据去顺势交易。"

上海欧巴问:"老师,有个网红经济学家经常预测股市见底了,但好像他经常预测错误,这次他好像预测得比较准,说 2019 年熊市是铁底了,你对此怎么看?"

铁老师说:"大家知不知道,在概率学上有一个理论叫作赌徒困境,说的就是赌场中如果用骰子赌大小,一连十次都出现大,赌徒会根据以往骰子出现大小的机会上平均的思维,拼命下注赌小的机会。结果很多赌徒都输得很惨。你们可能会奇怪,我上面还和大家说,大数定律确定抛硬币正反面出现的概率是各自50%,为什么这些赌徒依据大小会平均化出现的思维却亏了更多的钱。因为在概率学中,独立事件发生的概率前一次和后一次没有必然关联。赌场每次投骰子的事件都是独立事件,十次出现大的点数并不意味第十一次就会出现小点,而除非赌徒一直下注骰子出小点数才可能翻盘。但是在赌场中,赌徒如果这么盲目猜测,早就破产了。骰子出现小点的机会可能是第十六次,也可能是第二十五次,虽然连续十次都出现大点数是一种比较小的概率事件,但是并不意味之后出现小点数就是大概率。大数定律必须要足够多的样本才能证明。

"从事狙击涨停板交易因为高风险高收益,也和赌博有某种类似,按凯利的话说:就是如果你根据确定性下注,就是投资!而盲目下注,就是赌博。

"赌徒困境指的是那些不懂计算概率的赌徒必然会不断输钱的思维盲点。对你提到的网红经济学家,我偶尔也看过财经媒体报道他的观点,因为他属于一个股市死多头,永远唱多买入的机会,大家可能都听过他说的 A 股的黄金底,钻石底，婴儿底，但都在市场无情的碾压下击穿了。这种预测方法和大猩猩投飞镖类似，黑猩猩投了无数次飞镖，总有一次能够射中靶。所以，打板客绝对不能轻易和盲目去迷信某一个专家的预测。要努力学习脑科学原理，养成独立思考的能力，这样才不会人云亦云，随波逐流。"

尽管我们也用经济周期预测，但作为打板客思维必须保持高度的灵活性和柔性弹性，要随时准备根据市场新情况修正自己的预测和判断，这样才能大体估计出未来的风险和确定性，掌握市场趋势，顺势交易。打板客们除了思维灵活多变，适应市场之外，要多学习大脑的神经生理学、概率学和心理学，这些都是近二十年中发展最快的高科技边缘科学。

思考题

（1）什么是经济周期理论？康波长周期有什么特点？

（2）用基钦周期预测未来经济增长曲线？

（3）赌徒困境是什么意思？

第三章 打板客要懂一点概率论

第一节 你所不知的凯利内幕交易公式

凡是在打板客的朋友圈，都知道赵老哥 8 年 1 万倍资产增长的成功神话。赵老哥本名赵强，杭州人，大学理工科毕业以后，工作了一段时间后进入股市，3 万元起家，炒到 10 多亿元，成为赫赫有名的一方游资。然而，我们在学习赵老哥成功的同时，先要问自己一个残酷的问题，主力和散户的优势和劣势比较究竟在哪里？很 Q 的小丸子说："经常有人说主力，或者说市场游资，是靠内幕信息赚钱的，消息灵通是他们最大的优势。"

铁老师说："在金融这行稍久的投资者都知道凯利公式，但提到信息上的优势，大家可能都没有听说过凯利还有一个内幕信息公式。凯利最早研究赌马，他总结了一个内幕信息公式：$R = G_{max}$，G 为赌徒资金增长曲线，最优化收益为 R，赌徒最大收益率等于'内幕消息传输率'。

"早期在美国赌场，赌马有很多内幕消息，不少赌徒在各地依靠接收电报通知的内幕消息下注。假设一个知晓赛马的内情人士发送情报给赌徒时，越短的电报字数意味着这个内幕信息的价值越大。以下为例，假设有八匹马会成为冠军备选，每匹马用三个数字代码表示，则 8 个获胜备选赛马中选一个的方式是 2^3，内情人士如果只用 3 个字节发送，赌徒接收到信息就赢钱，那么这三个电报的字数就是最值钱的。

"我们假设如果在股市上用几句话提供最确定、最可靠的股票上涨内幕消息，按照凯利公式下注的胜率就是 100%，意味着信念下注可以把手中有多少资金全部买入，获得梦寐以求的最大收益。凯利公式可以应用于任何形式的有利于赌博活动中获得最大收益。但难得的是如何得知最有利于自己的内幕信息。在赌博和投资之间其实只差一个符号——减号或者说负号，有优势时下注就是'投资'，无优势时下注就是赌博。"

西方早期的金融大鳄经常通过在股市中获取内幕信息攫取暴利。但在西方的成熟股市中，这种获取内幕信息的行为已经属于违法。被各国证监会查处将处以罚款和移送司法部门。马克思曾说过一句名言："一旦有适当的利润，资本就大胆起来……有百分之五十的利润，它就铤而走险；为了百分之一百的利润，它就敢践踏一切人间法律；有百分之三百的利润，它就敢犯任何罪行，甚至冒绞死的危险。"

2018 年 12 月 20 日，重庆市第一中级人民法院一审公开开庭审理了贵州省原副省长王晓光受贿、贪污、内幕交易一案。在被控内幕交易罪中，王晓光利用内幕信息，买入相关股票，累计成交金额共计 4.9 亿余元，盈利共计 1.6 亿余元。

股市收益竟然也成为贵州省原副省长王晓光非法获利的最大来源。交易额 4.9 亿元，净利润 1.6 亿元，一进一出，平均收益率达到 33%，令人瞠目！更令人震撼的是，王晓光竟然是 2015 年那波大牛市的受益者之一，他先是利用市委书记的影响力，向企业家拆借巨额资金，然后投入股市，提前埋伏进涨幅超过 10 倍大庄股里，并在高点成功抛售。用凯利方程式衡量王晓光获得的内幕信息的价值，那就是一字值千万。

不过，对于打板客来说，获得这种内幕消息几无可能。即使有的打板客的亲戚在上市公司高管任职或政府高层可以事先秘密得知，但现在证监会的大数据监察系统也能迅速捕捉到异动迹象，最终法网恢恢，疏而不漏。

很Q的小丸子问："既然现在不可能得到内幕消息，那么A股就是一个有效市场，无论什么投资者，机构也好，牛散也好，散户也好都是公平的，我们都在同一起跑线打板。"

铁老师说："错！信息占优势不一定要违法，主力比散户在信息上占优势有两种方式：

"（1）某种合法的'内幕消息'，例如红头文件被列为国有企业一般机密，只有一定等级的干部可以优先得知，一般传达文件的层次为政府高层—券商—散户，假设是这样，对于主力来说就存在明显的套利空间。在A股市场，我们经常可以看到某个连续拉升涨停的龙头在下午快收盘前突然大幅卖出，普通打板客对处于良好上升阶段的这只股为什么会突然急剧下跌都莫名其妙，直到第二天看到上市公司停牌的公开信息，才找到原因。而有些主力之所以在前日关键一刻能卖出，很可能是提前得到证券媒体的知情编辑或者记者的通报，抢先获利平仓。

"（2）除了这种打擦边球的信息套利，更多的是机构主力拥有对信息挖掘的强大能力，准确地研判了股票未来上涨的趋势。这种'内幕信息'是机构主力合法所得，是他们在众多信息中筛选出来的信息金矿。

"在围棋中有个术语叫先手，就是步步奇招都占优先。因为挖掘黄金信息的难度很高。在宏观经济学的研究和对上市公司财务分析以及自动交易机器算法中，机构拥有先天的优势。一般打板客没精力和时间能力去获得这些优势，因而在狙击涨停板成功率上，对胜率管理相对就很难。

"举例来说，2019年初有一个非常热门的概念——工业大麻，一提到大麻，人们都联想到这是一种慢性毒品。但工业大麻毒性很少，却有很高的医药用价值，在欧美首先被批准使用于添加在食品和药物上。和工业大麻有关的美股率先大涨，这一波传递到A股市场上，机构最先挖掘出信息中的黄金，立刻抢夺顺灏股份，因为顺灏股份是最早公布和云南相关工业大麻公司合作种植和药物提取的项目。然而当大麻概念股已经都炒得红红火火了，居然还有不少股民不懂到底这些股票是因什么题材大涨，这就是不爱学习的散户在信息挖掘上远远落后于机构主力，而不能在股市依靠信息赚钱的一大原因。

"西方有一个巴尔德摩股票经纪人的故事，指的就是因为巴尔的摩股票经纪人主动给投资者带来一个行业资讯，透露了某只股票将要大涨的内部信息，一周以后这个预言应验了，这只股票真的涨了。第二周你又收到一批行业信息，这次这位经纪人认为某只股票会跌，结果这只股票真的跌了。这份神秘的行业资讯每期都有新的预测，而且他都应验了。下一周行业资讯又到了，劝说你将钱交给这位巴尔德摩股票经纪人。由于连续 10 期的行业资讯预测都非常成功，所以你应该放心自己能够捕捉到涨停板的吗？未必！

"如果用 K 线来计算，一个股票可能做出正确预测的概率假定是 50%，这个巴尔德摩股票经纪人前两次预测正确的概率就是一半的一半，第 3 次都正确的概率是 $1/2 \times 1/2 \times 1/2$，只有 $1/8$。依此类推，预测全部可能准确的概率几乎为零。

"这就是那些在手机上突然接到的自称有涨停板内幕消息的股民，花钱去买所谓绝密内参，最后受骗严重亏损的投资者遭遇。要想成为优秀或者顶尖的打板客，任何偷懒取巧的学习方式都是不可取的，只有扎扎实实地沉下心，认真学习分析财经信息的科学方法，才能奠定走向职业打板客的第一步。"

第二节 打板客遭遇概率难题

概率是表达不确定性的一门数学技术，统计学家强调任何事情的可能性和不确定性都可以用概率证明。不管打板客们是否承认，概率的不确定性主宰着你们超短交易生活，如果你曾经亏得一干二净，就必然痛苦地后悔，为什么当初不早一点学习有关概率论的基础知识。

在日常生活中，我们经常会听到不确定性的话，例如出门别忘了带伞，下午可能下雨。这只股票会不会涨还是会跌不好说，也许可能会涨。这些话就是对将来哪怕是下一个小时未来事件的猜测，但这样的形容词太模糊了，科学家提出概率的观念，以便于更精确地描述。概率用于精确衡量可能性的量度就是 0~1，数字越接近 1，意味着发生一件事情的可能性越高，例如这只股票明天上涨的概率为 95% 就意味着有极大的可能会上涨。如果说你明天打板的成功率只有 0.09，则基本上是失败的概率！

概率还区分为主观概率和客观概率。自然科学可以用反复实验的方法抽取样本频率，统计发生概率的事件。这种频率统计的概率叫客观概率。而股市涨跌是没有办法用过去的样本频率试验来决定的，只能够依靠专家的经验和打板客的直觉及理性估计，所以属于主观概率。

胜率和赔率的计算，对打板客来讲也属于主观概率。运用主观概率估计下一个概率事件，是 18 世纪的数学家贝叶斯发明的一种新的概率论。与早先用自然概率统计样本频率不同，贝叶斯法则是用不多的样本估计一个主观概率，再推算相关事件发生的概率，和人脑的直觉运算比较相似。

例如，我们举过抛硬币的概率计算例子，硬币出现正面或者反面的概率，只要你抛的次数足够多，基本上是各占 50% 的概率，这是通过足够的试验次数计算出来的客观概率或自然概率。

贝叶斯的概率计算，是完全不同的另外一种方法，通俗地讲是，当你不能确定某一个事件发生的概率时，你可以依靠与该事件发生的有限先验概率去推测该事件发生的条件概率。这个推理过程叫贝叶斯推理。

我们用以下一个例子来说明如何运用贝叶斯推理的概率思维：

有一个大型竞彩活动，在竞彩广场上拉起广告宣称，这里有 200 万张彩票，装在 20 个彩票箱，里面有红色和蓝色的彩票，摸到红色就中奖金，蓝色为废票，中奖率可以达到 70%，摸中大奖可以得 10 万元。但参与博彩的人们不知道这些箱里面红色彩票和蓝色彩票的比例是多少？中大奖的概率又是多少？

假设有一个懂贝叶斯概率计算的人路过此地，他看到了博彩广告，也看到不少人都摸中了红色彩票去兑现奖金。于是这个精通概率计算的人，掏出 20 元买了 10 张彩券，发现摸中了三张红色彩票，他决定运用贝叶斯概率计算法则，解决这个难题。

贝叶斯的数学公式表述如下：

$$P(A|B) = \frac{P(B|A)\,P(A)}{P(B)}$$

贝叶斯法则的核心是，即使只有少量的数据，我们仍然可以通过提出假设的先验概率 P（A），并根据事物观察修正条件概率 P（B｜A），从而达到预测未来概率 P（A｜B）。

这个人按照贝叶斯条件估算，每个彩票箱有 1 万张彩票，而摸中红色彩票的先验概率大约为 30%，然而大多数人中的都是小奖金。所以他就不再继续摸彩了，一直观察其他人博彩，发现 10 万元大奖始终没有开出来，于是他证实自己的判断，大奖不是随机装在所有的彩票箱中，而是博彩活动举办方根据博彩投注额和博彩奖金比例来设定的。要想博中大奖，他计算大约是千分之一条件概率出现时才能参与博大彩。因此他一直默默观察，直到估计举办方的 200 万张彩票已经卖出将近 97% 之后，才出手掏出几千元钱，买了最后两箱剩余的几千张彩票，果然他中到一个 10 万元大奖。

在现实生活中，很多事情无法做科学实验，一项物理、化学或者机械、电子的实验，可以反复重复很多次，由此得出自然频率的统计。但在金融交易中，我们无法把一个过去的股票走势重复发生 100 次，得出买入股票的胜率大于 51% 的结论。因此，只能运用有限的信息推算某只股票上涨的概率大约是多少。

在估计涨停板胜率和赔率时，打板客肯定是以过去曾狙击涨停板成功交易经验，推算未来交易成功的概率，这属于自我的主观概率推测。因个人而异，计算出来的结果也大相径庭。而客观概率，是自然统计出来的样本，是不属于人们主观判断而变化的频率，因而也叫自然概率。

主观概率的准确与否，需要打板客不断地针对交易系统发生的缺陷进行修正，没有一成不变的正确的主观概率或者说先验概率。贝叶斯法特别强调经过实际检验后才能保证计算结果接近实际。

举一个打板客在股市上运用贝叶斯认知的例子。大家都知道特训营一分队长大漠苍鹰，他的账户有 1000 多万元，但他现在每次打板，似乎都是盘中临时选股，没有固定的法则。基本上他的账户只买 3~5 只股票，然而他选中分支龙头的正确率却相当高。这是为什么？首先，大漠苍鹰根据他炒股 10 多年的经验，在盘中发现个股异动时，他能够根据已有的经验和知识迅速推断出这只股当日涨停板的先验概率，然后在新证据不断积累的情况下预测次日涨停概率和成为龙头的概率。这样，他的长期成功盈利的交易经验和不断修正自己对某种上涨模式的假设，使大漠苍鹰比一般打板客新人要占绝对的优势。

由于大漠苍鹰有长达 10 年的炒股经验，对于很多股票他都做过了基本面研究和技术分析，当一只强势股在盘中出现买点，大漠苍鹰可以在短暂时间准确判断出该股的基本面，大盘此时的市场温度，该股的上升空间，市场情绪周期等各种有利于涨停板的因素，这样大漠苍鹰对一个即将打板的个股的胜率和赔率的准确估计，就比一般打板客新人要高几倍。如果说，新人打板客选中某个时期的市场龙头的概率为 5% 的话，大漠苍鹰也同时交易，在牛市初期和中期，他选中龙头的概率就可以高达 70% 以上。这使他在市场氛围适合于狙击涨停板时，如鱼得水，屡战屡胜，资金积累直线飙升。不管他用的打板手法是半路，还是低吸或者排板。

打板客在狙击涨停板的过程中，不在于你能否计算胜率和赔率，因为只要练习打板的次数够多，大部分打板客都能够学会快速地计算一只股票的胜率和赔率，只是所花费的练习时间的长短因人而异。概率思维，就是善于把多元相互矛盾的结果综合思考，估计各种可能性，并且不断质疑自己的假设，习惯接受事物不确定性。真正的难点在于，打板客如何根据概率做出正确决策。人脑思考方式和电脑不一样，人的大脑不用穷举无数大的逻辑运算，即使儿童也可用少数已知的几个经验事例认识世界，凭直觉预测。人类经常不需要花太多心思就能做类似计算，且预测结果往往准确得令人吃惊。

在科学领域证明某一个假设的最好方式，通常是设计一个试验来证明这个假设是错误的，如果该试验无法达到目的，那么这个假设就很可能是正确的。

然而对于打板客来讲，这种证伪模式比较难以实现。尤其是打板客的大脑，容易遵守艾宾浩斯遗忘曲线，只对自己有利感觉良好的记忆坚信不疑，自然遗忘某种痛苦过程。一旦这样的记忆模式深入人心时，打板客就习惯于自己曾经成功的打板机制定交易策略，而对充值错误的细节视而不见。这种经验偏见难以过滤交易模式中的严重缺陷。学习概率论能够有效地帮助打板客培养良好敏锐的直觉。

要做出正确估计准确的先验概率，必须有全方位的经验。但如果打板客在交易经验上存在偏差，学习时间过于短暂，往往只记住某一种成功模式有意忽略了自己的失败特点，没有很好地总结为什么交易模式发生错误，而把一种暂时起作用的先验概率作为成功的假设，新人打板客就会产生过度自信而忽略了视而不见的致命失败，最后出现打板战绩反复过山车波动的普遍现象。

真正成功的打板大师都是反其道而行之，他们清醒地认识自己的差距，每次交易都认真找出自己失误和不足，警示自己永不再犯。这使得他们在面对下一个复杂交易时擅长运用直觉判断和假设精准的先验概率，比一般打板客们要精准得多。

所以一个超级的预测高手都有以下特征：

第一，哲学观，对万事保持谨慎，没有绝对固定的模式，对既定的理论总抱有批判性的质疑。

第二，虚怀若谷，因为现实是无限复杂的，成功的打板客都是谦虚而不自卑，情商很高或者说修行很高的人格。

第三，对不确定性的未来的态度，相信没有什么事情是注定的，也没有什么事情会绝对发生。在能力和思维方式上保持主动开放的思维，任何信念都可以是一种先验的假设，也可以被测试。力求自己知识渊博，有认识需求和好奇心，享受对智力和精神挑战的快乐。

第四，善于自我反省和自我批评，吸收各种有益的反馈意见，有数学逻辑的基础，理解运用数学工具，尤其是概率论分析问题的重要性。直觉敏感，善于辨析有效数据。

第五，成长心态，相信没有最好，只有更好！持之以恒，不管花费多少时间，耗费多少精力，经历多少挫败，都咬牙坚持到底。这种不达目的永不言弃的韧性，这才是成为顶尖打板客大师的最终之道。

在真正的赌场，只要庄家在概率上占1%的胜率，赌场长期经营下来最终是绝对战胜赌客，保证赌场的丰厚利润。而赌客不肯服输，长期赌下去必然在赌场亏光身家。美国麻省理工院的数学教授爱德华·索普曾经写过一个21点击败庄家的策略，他计算了扑克组合出现概率，制定一个可以战胜赌场最优策略，结果他在拉斯维加斯赌场赢了巨额赌资，被各大赌场永久禁止入内，并更改了赌场规则，不让算牌的聪明赌客再从赌场占便宜。

索普教授后来投资股市，起初他不太了解股市，被几个慕名而来的炒股客的所谓内幕信息欺骗，亏了一些钱。但索普以他超高的智商和训练有素的概率计算能力，很快就掌握了股市投资的技巧，后来成为和香农一样极为杰出、投资业绩不亚于巴菲特的跨界投资金融股市的自然科学家。

这就是一个懂得如何运用大脑科学和高等数学的精英给打板客们的最大启示，如果打板客们努力通过科学训练，懂得如何选择对自己更加有利的交易环境和制胜交易策略，就能最大限度保证在狙击涨停板的交易中，减低高风险增加高收益。

有的时候，打板客确实很难做到知己知彼。不了解自己智商和能力，不了解自己的性格弱点，不了解人性普遍存在弱点和心理学中典型的认识偏差，就会在交易中走很多弯路，养成很多恶劣的交易习惯。坏习惯是很难改的，所谓江山易改，本性难移！

新人打板客在无形中运用贝叶斯概率做决策时，常常会遇到一个最大的困难疑惑，好股票，或者说已经盈利的股票，应该继续持有等待涨停板，还是该立刻止损？

有时很多打板客发现一卖就涨的反向规律特别明显，打板客担心卖早了，选择继续持有仓位，结果涨停板的股票并不是直接拉升，反而出现主力分歧，盘中下跌迅速。而当打板客排板的股票当日浮盈变成了亏损，决定卖出后，该股票立刻又出现反包阳线。打板客面对瞬间买卖决策的失误，肯定会产生极度懊恼的心情。

贵大胆之前的操作就是典型案例：贵大胆一买入涨停板股票，第二天就遇到了核按钮，一根大阴线。等他割肉卖出后，又出现了机构拉升该股，出现反包板。反复多次后，最后是贵大胆产生恐惧感，再也不敢追击涨停板。

事实上，在没有卖出的股票之中包含着薛定谔猫的死活问题。薛定谔猫指的是物理学家做了一个思想实验，用一个箱子，里面装上一只猫。箱外有能致使猫死亡的毒气和箱盖连接，打开箱盖，毒气就会放出来，猫就死掉了。但是不打开箱盖，我们不知道在箱子里的猫到底是死的还是活的？两种方式都可能存在，物理学上这叫作信息不可确定。

贝叶斯法则告诉我们，盈利和先验概率的准确性紧密相关。因为先验概率作为工具，运用于评估股票涨跌涉及个人的主观经验，而修正条件概率和打板客的智商及经验有极大关联。优秀的打板客每天都认真总结自己的每一笔交易，反思自己操作上那些失败的交易细节，并且不断用相似的案例、大量的类比，这样大脑中形成一个不断修正趋向精确判断的直觉，所谓股民常说的超级盘感。

在狙击涨停板过程中，打板客经常遇到大涨大跌的上下波动，该在什么价格卖出？什么时候即使下跌仍然坚定持有？什么时候必须断臂斩仓？

当成功和失败的概率最初看似各为50%的时候，这对于打板客的赌博属性有极大的考验。久经成功训练的打板客的直觉，这时就会发挥良好的作用。在面临重大风险时，处理持仓的不同决策上，许多打板客总是在犹豫不决，连连遭遇追逐涨停板被核按钮，也可能大概率。而成功的打板客依靠执行纪律的坚决果断和敏锐优秀的直觉，使很多新人打板客望而却步。

在从事狙击涨停板过程中，如果作为打板客——你的直觉良好时，决策都不是问题。但恰恰是在遭遇某些突发的小天鹅事件时，难以抉择，关键策略失之毫厘，差之千里，使多次的成功交易成功毁于一旦，严重打击了打板客们的自信。这就是打板客经常面对不确定的概率估计的选择烦恼。

对于交易中挫折，谁都经历不止一次，但无脑打板客的盲目交易，是一个错误先验概率的假设，不断重新寻找成功的交易模式过程。由于不懂脑科学和概率计算，结果势必不断陷入恶性循环的道路。这也就是我们反复强调想成为打板客，必须先了解概率的基本知识的原因。

概率论的基础法则：

一个研究科学的方法包括以下4个要素：①归纳分；②形成一个假设；③一个可以检验的命题陈述；④演绎出基于假设做出的某种预测。最后观察收集数据，验证检验数据与预测是否相符。

考虑遵循一些基本法则，永远不可能是负数的，最小值只能取0，某件事情不发生的概率可以表示为一减去这件事发生的概率，公式为：P（非A）=1-P（A）。举例来说，如果打板一只股票第二天不能涨停的胜率为20%，在熊市或者市场情绪周期衰退时，则核按钮的大概率为80%，概率的加法原则计算，按照概率加法原则，两个事件中任何一个事件发生的概率为两个事件单独发生的概率之和。用公式表达这一法则：P（A或B）=P（A）+P（B）。

条件概率用乘法公式，换言之如果事件A、B要同时发生，则首先得出事件A发生的概率，最后在计算事件A已发生的前提下事件B发生的概率，然后将这两者相乘。

全概率法则，是将不同的时间发生的概率加总起来，你想去一个遭受水灾的城市买一辆二手车，了解到大约5%的二手车都经过雨水浸泡，其中80%的都严重出现发动机问题，而没有被水浸泡的只有10%会面临相同的故障，那么计算一下，每1000辆二手车中间有50辆会被浸泡过，其中80%即40辆会出现故障，而在950辆没有被水泡过的二手车中间预计有10%的95辆会出现相同的故障，你计算出来，1000辆车中的40+95=135辆在今后会出现故障，得到的概率是13.5%，这就是全概率法则。

思考题

（1）主观概率和客观概率有什么区别？

（2）什么是贝叶斯法则？

（3）运用本节的概率计算，在生活中找一个事例进行分析。

第四章 打板客的胜率和赔率公式

第一节 打板的胜率估算

你必须知道的复利增值公式：

每天1%。假如你有100万元，每天不需要涨停板，只需要挣1%就离场，那么以每年250个交易日计算，一年下来你的资产可以达到1203.2万元，两年后你就可以坐拥1.45亿元。

关于每年200%。假如你有100万元，连续5年每年200%收益率，那么5年后你也可以拥有2.43亿元个人资产，显然这样高额收益是很难持续的。

关于10年10倍。假如你有100万元，希望10年后达到1000万元，20年达到1亿元，30年达到10亿元，那么你需要做到年化收益率25.89%。

这就是我们要在这一章分析的，如何把握打板的胜率和赔率？

只要在金融市场待的时间较长，又努力学习的交易者一般都懂凯利公式，但却大概没有太多人知道凯利公式最早用于研究赛马赌博。凯利提出赌徒下注应该按照一个合理比例，用胜率除以赔率来进行对自己有利的赌博。

凯利说的赌博上的胜率和赔率如下。

胜率：指的是你对获胜的期待程度，一般说可以在相同的概率下，不断地进行此类的投注。因为收益总是跟下注的金额成比例。

　　赔率：指的是赌场结算的公开赔付比例。

　　胜率和赔率告诉赌徒如何获胜取得的收益。例如在赛马场的赔付电子牌上公布某匹马一赔八，这个意思就是赌徒对这匹马下注一元，如果这匹马跑出第一名，你可以获得八倍的赌马彩金。

　　在凯利公式中，如果一匹冷门马的赔率假设是 25 倍，而当一个赌徒又有特别准确的内幕消息，知道这匹冷门马此次状态特好，而且有一个非常优秀的骑手驾驭，那么他就可以在这匹马身上下注他所有的赌金。如果他把手中 1 万美元全部投入，就有机会赚取 25 万美元，相当于利弗莫尔运用天才直觉在股市赚到的第一桶金的巨额收益。

　　在金融市场，在狙击涨停板的交易中，打板客们应该如何计算胜率和赔率，过去没有一个权威的解释。一般人只理解为是力求大概率获胜的可能性，这固然没错，但对于精确交易来说还显得笼统。

　　虽说凯利公式是从研究纯赌博开始，但后来成为金融博弈策略上首创的理论。对于打板客来说，作为超短交易者，重视被狙击的个股短期趋势的重要性，远大于长期趋势和长期投资上市公司的内在价值。打板客信奉麻雀生存法则，每天的小盈利日积月累，年复利也相当可观。也就是我们这章开篇的复利增值公式显示的巨大威力，因此，打板客的交易必然带有博弈特性。

　　打板客虽然不可能做到顶尖超短高手那样天天买中涨停板的股票，但至少也是一周要打板几个市场最强的龙头股，这就必然同时存在输和赢的概率，和赌博也有一点相似。

　　打板客做狙击涨停板的博弈必然考量以下四个问题：

　　（1）这股现在市况下的胜率会如何？

　　（2）这股现在的赔率如何？

　　（3）如何根据盈亏比（胜率/赔率）分配仓位？

　　（4）在什么情况下运用信贷杠杆冒险？

根据打板客的交易特点，专门狙击涨停板交易中的胜率和赔率计算有一个特殊含义，这个计算要求打板客对未来有多大把握获胜的概率做出估计，然后根据市场的盈亏比和风控要求，制定交易策略。

对于每日的交易计划，必须考虑是否选择狙击涨停板，选择什么类型的涨停板，以及在充分估计狙击涨停板的风险和收益比前提下，对该"下注"多少仓位进行精心计算，以此保证风险和收益处于适当的匹配水平，也就是所冒的风险可控。

凯利最早通过研究赌徒和赌马的内部信息传送与赛马场之间的关系后得出了凯利准则。凯利准则的核心原则是，只有赌徒在赌场处于对自己最有利的情况下才下大注，而处于不利时就少下注或者不下注。凯利准则应用于任何形式的赌博活动，不论大小，都可以在有利于自己的赌博活动中获得最大收益。

众所周知，西方的赌场有公开的赔率，在严格的法制下不敢公开搞虚假欺诈性的赌博。那么为什么赌场总是能够赢取赌徒的钱财，尽管我们也时常见闻少数赌徒在国际大赌场赢取巨额奖金。香港电影中周润发扮演的赌神并不是完全虚构的，现实生活中确实有赌术高明的赌徒，再加上一点幸运能够在赌场尽领风骚。

然而，所有赌场不论大小，只要经营管理正常，长期下来都是赚钱的。因为根据数学家的概率统计，赌场之所以都赚钱，因为他们和赌徒相比占了大约51%的基本优势。有人可能会冒出个问号，赌场占51%，赌徒占49%，赌场才比赌徒高1%的优势，这并不高嘛！

但我们必须知道，赌场只需要这大于赌徒的1%优势，长期经营下来总是能够赢赌徒的钱。也就是从概率计算，只要赌徒处于劣势，长期玩赌博总是亏钱的。

凯利公式运用到打板客狙击涨停板的交易上意味深长，因为笔者之前就说过，狙击涨停板是一种高风险、高收益的超短博弈，比短线交易的风险还高。

凯利曾经说过，赌博和投资只差一个负号。有优势的下注叫"做投资"，没有优势的下注则叫作赌博。

作为打板客们，你们在选择狙击涨停板的超短交易前，有没认真思考过自己该如何根据打板的胜率和赔率，确定自己是否具有优势，然后才投入资金呢？

如果你们没有任何交易上的优势，而市场"给出"某只即将涨停板的股票的赔率又不高，那么打板客的交易就等同赌博，交易行为实质和赌徒没有差别！

上海欧巴急切地问："铁导，你快给我们讲讲什么是打板客必须计算的胜率和赔率？"

铁老师说："狙击涨停板的胜率和赔率，过去对短线交易者是一个比较模糊笼统的概念，准确地说就没有准确的定义。作为打板客，在狙击一只股票涨停板的时候，并不是为当天股票涨停板而打板，首先目标旨在博取这只股票次日的溢价，即要判断我现在买入这只股票，第二天股票至少是上涨的，甚至能够涨停板！

"所谓的打板客的胜率，就是你必须在交易前估计买入这只股票第二天的溢价产生的概率有多高。"

根据我们多年交易的经验，估算每日狙击涨停板的胜率，打板客至少应该重视以下五个因素，分别是：

（1）大盘环境，国内外的市场氛围围适合涨停板的题材炒作。

（2）事件驱动热点，包括当下股市最热的事件，最新的出台政策，例如2017年中央决定建设雄安特区。

（3）政策导向，监管层对市场交易风格的容忍程度，监管政策的最新动态。

（4）板块资金流向，一个板块处于大量资金流入，产生清晰的龙头标杆效应。

（5）自己对需要狙击的涨停板个股的形态和技术的优势，具体说就是打板客多年交易是否已经形成一种稳定盈利的技术分析模式。

以上的五个要素，从数学上来说要完善估计胜率还要自己对不同因素进行加权计算，即重要的因素要增加估计权重。

第二节　打板的赔率公式

除了狙击涨停板的胜率，我们还有估计赔率。

打板客的赔率是一个比较特殊的估算，因为打板客从事是高风险、高收益的超短交易风格，在止损纪律上要求苛刻（关于止损我们会在后面课程专门讲述）。因此我们研究出一个专门适合打板客的胜率/赔率计算公式，如下：

狙击涨停板的赔率 = 预估上涨空间/已经完成的涨幅

如果打板客追求次日狙击涨停板的股票溢价，则赔率计算为：次日该股票的涨停板概率减去该股票已经上涨的幅度。

为什么要减去已经上涨的幅度？因为我们强调的是运用脑科学制定打板交易策略，那么你对某只即将打板的股票的次日溢价的估计仍然属于主观估算，其准确程度取决于你的胜率是否够高？这只股票的上涨空间是不是已经兑现过度？

胜率和赔率为一定比例关系：胜率越大的情况下（即你的判断对大盘趋势和每日交易氛围的热或冷相当准确，看盘技术分析能力和盘感很优秀时），那么即便赔率小点，也可以短线冒点风险参与博弈。反之，赔率越大，也就是一只股票未来估计的上涨空间很大，即便胜率不高，买入可能被套，只要中线持有也能获得较大收益。

综合考虑胜率和赔率，就按照凯利公式计算：$F =（bp - q）/b$。

式中：F 为打板客现有资金应进行投入资金比例；b 为打板的赔率；p 为胜率；

简单讲，凯利公式的作用在于能够科学地计算出，在胜率和赔率保持一定的条件下，能使投资人的长期增长率最大化的投资仓位比例。

打板客要确定自己的胜率达到50%以上，才是在市场上占有优势，然而胜率50%还仅仅是你主观估计的胜率。

我们从胜率 5 个因素组合看，胜率并不是客观概率，因为打板客对各种因素的判断不可能非常稳定，胜率究竟多大，只能是一种主观判断。不一定符合实际情况，这就需要添加自然概率，不断按照贝叶斯法则修正自己的主观概率和条件概率。

自然概率：指一只股票的 K 线在次日都会出现要么涨、要么跌两种情况。我们简化细分为：上涨 6% 以上的称为长阳，低于 6% 的称为小阳，下跌超过 6% 的称为长阴，低于 6% 的为小阴线。

这样，一只被打板客狙击的股票 K 线，在次日自然会出现四种情况：长阳、小阳、长阴、小阴。这四种情况各自出现的概率是 1/4。

如果一个能基本稳定盈利的打板客估计自己的胜率大于 50%，那么在大盘氛围和资金动向都适合狙击涨停板的环境时，打板客狙击的个股次日出现阳线的机会就相当大。

我们在上面提过，打板客的赔率计算为：估计未来可能上涨的涨停板空间。

如果预测某只股票有高于 30% 的赔率，就意味着，未来可能有三个以上涨停板。这自然也形成了一个利润安全垫的前提。

第三节　打板客对胜率和赔率的贝叶斯认知

打板客在狙击涨停板时都必须有一套自己认为的成功交易模式，对成功交易模型的测试标准如下：

（1）胜率：胜率最好要超过 50%。

（2）盈亏比：测试报告中的模型测算出来的胜率只是名义上的胜率，实际胜率 = 名义胜率 × 盈亏比。

（3）连续亏损次数和最大资产回撤比例（不适合个人性格的交易模型，即使属于能盈利的模式，也会也会因个人而异，导致巨亏）。

（4）最终收益率：盈利是以长期稳定的上涨曲线为好，如果暴跌暴涨，说明这个交易模型不稳定。

（5）交易模型的执行，要对测试优良的模型持有充分的信心，一旦证明有效，就要坚定地执行！欲速而不达，对模型的小缺陷要有包容性，不断修正和改善交易模式。

这样，我们要为自己的胜率主观加分至少有两个前提：①自己有把握胜率达50%以上，略高于市场水平；②对正准备狙击的涨停板股票的赔率的预判准确性相当高，才可以在次日出现阳线的自然概率上为自己主观加分。

按照概率论中相互排斥事件的加法原则，一只股票次日不是涨就是跌，不可能同时存在涨跌，打板客可以计算如下：

主观胜率50%，次日出现长阳的概率为1/4，两者相加，打板客的胜率：0.5 + 0.25 = 0.75，即胜率为75%。

一旦胜率超过75%，就可以大胆投入资金买入。按照凯利准则，胜率等于1时，可以全仓买入被狙击的龙头或强势股。

如果胜率计算出来大于1，就代表打板客就可以加杠杆交易了。比如我们刚才估算出来的胜率为75%，根据赔率是估计未来这只股票上涨的空间，按涨停板的个数计算，赔率0.5就是可能会有5个涨停板。

将胜率除以赔率，0.75/0.5 = 1.5倍，这就意味着狙击这只股票的涨停板有极高的获胜概率。打板客可以据此动用半仓的资金，用于狙击该股涨停板。

然而，在赔率很低的情况下，例如赔率为0.1，也就是说估计未来只有一个涨停板的空间，即便打板客估计自己的胜率为0.5，这时反而不能给自己加分，必须按照K线次日出现的下跌概率1/4估计。

这样在计算胜率的公式中：估计胜率 = 0.5 - 0.25，这时打板客次日能够获得涨停板股票溢价的概率就只有25%。

那么如果把最坏的情况估计在内，前日涨停板的股票次日有可能出现长阴或者中阴的两种情况也是1/4的概率。一般一只能够涨停板的股票只有遭遇利空，才会出现次日大跌。

我们把次日出现核按钮 25% 的概率计算在内，则按概率加法原则计算出：次日出现核按钮的概率就是 0.25 + 0.25 = 0.5，也就是说，在胜率和赔率都不符合打板客占据优势的情况下，狙击一只涨停板个股的极端事件是，次日跌停的概率为 50%。

可见，在打板客遇到胜率低于 0.5，而赔率又低于 0.3 的情况下，应该首先想到自己狙击涨停板的股票的失败概率大于 50%，获胜的概率不利于交易。

这时职业打板客特别要注意防范风险，在狙击涨停板的股票前，先充分估算盈利和风险的概率才出击，尽可能回避遭遇次日核按钮或者当日天地板的意外风险。特别是运用集合竞价追击早上开盘的一字板，更需要充分估计交易风险。

集合竞价排板就是在开盘或者 9∶20 ~ 9∶30，直接以涨停板价格排队买入，这要求打板买入的股票在次日继续涨停或大涨的溢价确定性很高。

一般运用集合竞价买入的打板客都是充分研究了被狙击的个股的基本面、事件驱动热点和潜在利好以及技术图形，才用这种比较极端的追涨方式。我们看到像一字板继续上涨的个股，之后能够继续涨停，往往是在消息面上有相当大的利好刺激。例如，雄安特区的千年大计、中央高层对沪市开启科创板的决策，等等。在非常大的利好消息公布之日，不少主力和打板客处于同一起跑线，只有追高建仓才能买到足够的筹码。这时市场趋势和利好消息都使得大盘指数和做多个股的氛围升温，这样采取集合竞价方式排板涨停板的个股的胜率和赔率才符合要求。

如果市场没有特大利好事件，在早盘开盘涨停板买入价就是当日最高价，如果次日不能上涨，则意味深套。这也是一种风险相当高的打板方式。对于无脑打板客来说，如果不注意基本面信息，无脑打板，看到简单上涨图形就集合竞价追入，那么一个打板周期下来，很可能账户资金所剩无几。

盘中狙击模式，看到一只强势股票即将拉升涨停，在打板客盯盘多日观察这只股票并列入自选池时，采取在上涨接近涨停时买入，虽然当天基本亏手续费，但是打板客狙击的该股是次日的大涨大阳线，这比较适合交易老练的打板客。

半路狙击模式，半路低吸在一只强势股票拉升 3% ~ 7%，就先行买入，这种半路低吸很考验打板客对一只强势股能否当天封涨停的判断。

很多新人打板客都遭遇在初学打板时，无法掌握低吸打板的方式，因为这种打板对次日必须有溢价的可靠性更高，难度也更高。因为打板客的交易模式是每天买到强势涨停的股票，而很多股票的涨停板大盘指数同步或者存在偶然因素，半路低吸这种方式未必能买到当日最强的涨停板股票，如果遇到冲高回落的股票，则半路低吸的目标就属于失败。

所以，相对而言，优秀老练的打板客更敢于用低吸方式，先手抢有可能涨停板的股票，他们的盘感也就是我们说的直觉都久经训练，特别良好，这样才敢于用博取更大的利润的方式狙击涨停板的股票。

第四节 运用胜率/赔率公式解析打板实例

我们以 2019 年 1 月一只短线反复被市场游资炒作的中小创股票达安股份为例给大家具体演示一下如何计算胜率和赔率？

我们主要依靠综合确定性的分值去考量胜率，用它来赌方向的对错。要想准确估计胜率，必须用综合评价才全面。按照我们交易计划，交易前必须考虑大盘趋势、板块动向、市场情绪、监管政策、主力筹码分析等。

为了简化分析，我们给出每个选项按平均值 0.25，综合总分为 100，则各选项都是 25% 的概率：

2019 年 1 月 2 日上证指数下跌 28.61，大盘趋势是破位下行，第一项概率为 -0.25。

5G 板块从 12 月中旬开始炒作，已经接近板块温度下降阶段，第二项概率记为 -0.2。

第三项为市场情绪判断。1 月 2 日，达安股份逆势涨停，属于强势。但是次日 1 月 3 日，国家队护盘选择煤炭能源股拉抬指数，市场情绪出现大分歧。通常在有国家队主力拉升指数，不论是证券板块还是两桶油，或是蓝筹板块，都会导致中小票出货行情。而5G龙头论主业也是东方通信，达安股份这种建筑出身半路搞5G的上市公司，就很难再充当龙头标杆。概率记为-0.2。

第四项为主力筹码分析。达安股份在第五板、第六板都是尾盘20分钟前才拉涨停，从分时走势看全天机构震荡出货迹象明显，1月2日龙虎榜上机构卖出比买入多，资金显著流出。概率记为-0.15。

按照以上各项评分，把对达安股份的概率加总，$(-0.25)+(-0.2)+(-0.2)+(-0.15)=-0.8$，因为都是负值，则下跌的可能性估计为80%，也就是打板客2019年1月4日参与狙击达安股份的涨停板，次日的胜率只有20%。

当我们分析一个强势涨停板的股票已经三个涨停板后还可能继续连板时，根据有三必有五的涨停板规律，我们估计还有两个以上涨停板，这就是预估的上涨空间，记为50%；扣除已经完成涨幅的三个板。见以下赔率公式：

赔率公式＝预估上涨空间/已经完成的涨幅

那么达安股份的赔率为$50/30=1.666$。

如果胜率小，但赔率大，那么打板客在制订交易计划时，可以考虑即时出现最坏情况持仓被套数日后还有机会获利。但按照我们现在计算，由于打板达安股份的胜率综合评估相对低，随着完成涨幅已经高达60%，赔率已经只有1.67，按照胜率/赔率比率$=0.2/1.67=0.12$，即便用很小仓位去狙击达安股份这个涨停板，博弈风险也绝对偏高了。是不值得冒险的一个交易。

特别是在市场情绪处于相对冰冷区间时，达安股份次日被核按钮的概率很大（注：跌停开盘是一只前日涨停板的股票，次日开盘由于持有股票的主力和散户一起在集合竞价时用跌停板卖出价格，造成开盘跌停。这个操作被打板客称为核按钮，成为专用词汇）；而一只股票要从第七个涨停板继续上涨，我们称为七进八，一般情况下上涨概率仅为1/4，但当天跌停亏20%的概率却高达75%，如果打板客不做任何细致的交易分析，天天无脑博傻，去追涨停板的股票，打板必然亏大钱。即便你家是开金矿的，都经不住每天打板的惨重亏损。

由此可见，做一个专业的打板客，当你判断一只股票可以狙击涨停板时，必须先充分了解估算自己是否可能比市场略占优势，如果你根据以往交易成功的经验，确定自己有相当的优势，那么狙击这只股票就是投资行为，反之就像贵大胆之前坦诚向大家说自己只看看 K 线或者听朋友推荐，立刻追涨停板的股票，那种无脑打板就是赌徒行为。

贵大胆不好意思地摸摸自己的脑壳说："老师，你说的话吓了我一身冷汗，我现在有点明白为什么之前亏多赚少的原因了。按照你的话，一个打板客要学习胜率和赔率必须懂这么多？太难了吧？"

铁老师说："通往成功的大道上永远不是平坦的捷径！也没有什么最简单、最快见效的学习方法。要想在打板客这一行成为九死一生的胜利者，你首先必须看清这点。"

贵大胆说："我有个朋友消息很灵通，经常在微信圈发一些内幕消息。但我发现这些消息有时有用，大部分时间非常坑。按照他提供的内幕消息买入一只股，都是小涨大跌，等我们割肉出来，这只股突然发力飙升。"

铁老师说："这个事情非常容易理解，股市上对于内幕消息传播，有一个摩托艇法则。你们看过摩托艇在水上高速行驶的样子吧，总是船头高耸破浪前进。主力看好一只股票提前悄悄吸筹码后，如果太多内幕消息外泄，就会有很多老鼠仓偷偷买进，这就等于摩托艇的船头挤满了人，那么摩托艇还怎么还可能高速飞驰前行？主力费尽心机才在一只有良好题材的个股建仓，如果老鼠仓太多，主力拉升这只股就等于义务替老鼠仓打工，让那些提前窃取内幕消息的人渔利。主力肯定不会做傻瓜，主力操盘手也根本不会这么做。所有，真正有价值的内幕消息都是绝密的，越少人知道的内幕消息才可能越值钱。如果随便在微信群都能听到的所谓内幕消息，基本上就是请君入瓮的割韭菜骗局。"

大漠苍鹰说："老师，2018 年股市受贸易战影响极大，像特朗普所做的外交政策无法预测，我们又怎么应对突发事件的风险？"

铁老师说："特朗普事情，我们下一节课将讲博弈论基础，你们可以学习了博弈策略，就可以看透特朗普的招数，他基本按照博弈论的套路展开贸易战。

"博弈论是在科学家运用概率学的基础上开发出的一门高深学问，我们会给大家普及一些基本概念和知识。你们若掌握了这些知识，将来可以在预测风险事件中很好地运用到交易策略中。"

综上所述，运用主观概率加减客观概率，打板客不可避免在心理上容易倾向自利性偏差的认知谬误。自利性偏差指的是打板客把交易中盈利的操作归于自己的技术优秀或者智商高，而把亏损归结于外界干扰或运气不佳。

只有不断总结自己交易失误的优秀打板客才会不断在自己的交易中寻找失误，总结经验或修正交易模式，才能更好地改善交易成绩。

思考题

（1）什么是打板客的胜率和赔率？

（2）对于打板客，高胜率和高赔率哪一个更重要？

（3）什么情况下，打板客可以为自己主观概率加正确分？

（4）什么是凯利的内幕信息公式？

第五章　用博弈策略看透中美贸易战

第一节　博弈论的优势策略

上海欧巴问："老师，2018 年 A 股股市受贸易战影响的暴跌很厉害，而这种中国无法控制的外来突发利空事件，打板客该如何规避？"

铁老师回答道："这个问题提得很及时，我给大家普及一点博弈论的知识，通过对博弈策略的了解，你们就更加容易分析和看透贸易战双方策略及预测事件进程。"

参与国际分工的全球化产业布局，对跨国公司和发展中国家的产业工人更有利。而相对发达国家的就业机会有所减少，促使西方政府，尤其是美国企图和其他国家展开贸易战，通过提高关税壁垒，重新定位本国的产业。

假如在贸易战中的中国也采取行动，那么形成的博弈就叫作同步博弈。在同步博弈中，参与国都是以自己获得最大好处为唯一目标，要想做到取得比对手更好的策略，最好的办法是寻找优势策略。

优势策略指的是不管你的对手怎么做，这项策略带给你的好处都比其他所有策略更多。和优势策略相反的就是无脑策略，无脑策略或者说白痴策略指的是不管你的对手怎么做这项策略，带给你的利益起码比第一项策略更少。

用这个博弈逻辑看特朗普，很明显他的政策不管是贸易政策还是外交政策，都企图使用优势策略胁迫其他国家被迫使用无脑策略。在贸易战的博弈中，如果和美国被迫进行贸易战的国家被迫接受两个选择：要么接受同意特朗普的苛刻的贸易条件；要么选择接受高额关税无法出口。那么这种无脑策略，肯定会给本国带来极大的利益损失！假设中国在贸易战中间完全拒绝美国的要求，就属于选择无脑策略了。因为这样，特朗普可以在国会中间顺利地通过法案对中国商品征收高额关税。然而，中国肯定也会在博弈中选择对自己优势策略与美国相抗衡。当贸易战在全球展开，结果是零和博弈。

第二节　零和博弈策略

零和博弈指的是在博弈中，一方的所得就是另一方的损失。但任何国家都不会允许自己完全处于被动地位，结果贸易战就不断升级对抗，出现两败俱伤的结果。这也是各国家并不希望的一个结果，如果双方都愿意退让一步妥协，这个博弈就转变为协调博弈。

协调博弈指的是两个对手愿意共同合作，协调彼此的行动，对双方均有利。在生活中我们看到交通的红绿灯机制就属于协调博弈的实施。在一个十字路口，如果有两个驾车的司机相遇，假如谁也互不相让，必然酿成车祸。而红绿灯的协调就是让司机了解相互礼让对大家都有好处，因此在中美贸易的协调博弈中，成功的关键就在于参与者都希望对手了解自己将如何行动，遵守公共行为为准则，协调博弈的关键就在于公开诚实与信任。

我们看到特朗普挑起中美贸易战的第一轮是企图用他老牌商人的狡诈作风和虚张声势的大牌手法，强迫中国付出巨大的让步。但中国政府也相当老练，立刻对美国的农产品等征收关税展开反击。而且中国公开表示即便在最坏的情况下，中国可以依靠自己的内需支持经济发展。这就明确地告诉美国和特朗普，你想要中国在贸易战中付出巨大的代价是不可能的，我们奉陪到底！通过二轮对抗，中国迫使美国回到谈判桌上来。这有点像协调博弈中的一种特殊例子就是抛硬币博弈。抛硬币博弈是双方都在猜对方会抛正面还是反面，因为出现正面和反面是随机的，如果双方都在猜对手的策略，又摸不清对手会怎么做，就可能出现懦夫博弈。

懦夫博弈指的是：在一个博弈中，一个对手用非理性的态度和作风，表现出敢作敢为的男子汉或者狭路相逢勇者胜的行为，而另一方恐惧担忧对方凶悍的威胁，软化态度做出巨大让步，示弱的对手就被视为懦夫。

如果博弈双方都不想丢面子，都不愿意当懦夫就会出现非理性的博弈行为，导致暴力升级，使贸易战对抗加剧。我们看到特朗普外表作风给人感觉是"疯子总统"，但实际上一旦他发现中国政府也会采取优势策略，盘算下来美国跟中国火拼最后结果并不利于美国的利益，就开始选择向谈判合作的方向推进。

第三节　打板客和市场游资、监管层之间的博弈策略

学习一些博弈策略的知识后，我们更有益于看透对手，不仅可以分析中美贸易战，而且也易于打板客在交易中制定和市场游资博弈的策略。

我们现在用博弈学分析打板客和市场游资之间的博弈：

在简化分析的模式中，假设市场存在四类狙击涨停板的交易者：①老练的市场游资；②聪明的打板客；③新嫩的市场游资；④无脑打板客。

当老练的游资和聪明打板客默契地达成协调博弈时（这种默契并不是公司内部合作，而是互不砸盘抢先卖出的无形合作），接力涨停板股票的交易对手，就会持续不断追逐涨停板。

在牛市中，由于股票的上涨产生了大众的良好预期，涨停板的股票有连续涨

停板的空间，容易换手，这就形成了市场游资和打板客的协调博弈。由此，双方都能够在狙击涨停板的过程中间获得共赢收益（条件是不接击鼓传花的最后一棒）。

而从 2018 年以后 A 股市场产生了一种新的变化，经常会出现当日涨停板的股票，次日被"核按钮"，以跌停板开盘。这是市场以一种极端的方式参与博弈，因为在市场风险增大、未来不确定的条件下，市场的游资和打板客们发现市场可能不利于股票大涨，交易双方各自都想抢先卖出，结果反而达成了类似猜硬币的一致博弈策略，双方为了争夺次日股票的溢价或止损，都猜对手可能不惜以最极端的跌停板卖出方式摁下核按钮。

核按钮方式是投资者利用价格优先的交易规则，用跌停板的方式抢先卖出的打板客惯用表述。如果交易双方都想用核按钮，那么那只股票就会出现跌停板开盘。这样的结果对市场游资来说，减少了狙击涨停板的利润，而散户可能要以大幅亏损出局。因为市场主力在交易通道上远远比普通的打板客具有更大的优势，市场游资如果采用核按钮方式肯定可以抢先卖出股票。打板客如果每次买入狙击涨停板的股票，次日都无法获得股票的溢价，而是被当作韭菜收割，就会迅速亏损。这种零和博弈的结果，最终是羊群逐渐被消灭完了，狼吃不到羊就只有狼和狼之间彼此互相更凶狠厮杀！

而如此严峻股市生态环境是不可持续的，如果是在牛市，交易双方均用核按钮的方式卖出一只前日强势涨停的股票，无论是对市场游资还是对打板客都没有好处。相比之下，只要不是最坏的突发事件，那么双方采取协调博弈的方式，让涨停板的股票次日有新的接盘对手，对于市场游资和先手参与打板的交易者来讲，都是有利的共赢的局面。

因此，为了避免两败俱伤，为了避免零和博弈带来对打板情绪的最大伤害，即使是市场游资再想赚钱，聪明的话也不会频频使用核按钮这种极端的方式。

在零和博弈中，参与者的思维是完全对立的，总是认为不是你死就是我活。在战争时期这个逻辑是可以成立的，但在金融交易中，各方还是希望能够找到合作和竞争空间，尽量把蛋糕做大共享合作利益。抱有非零和博弈的思维对参与市场交易的各方还有利！

如果市场游资，一定要显示自己不仅有资金信息方面的优势，而且可以在交易通道上屡屡使用核按钮方式出货，最终，打板客们就会采用示弱的态度，大大减少参与打板的次数和金额。所以，市场游资也很清楚这个道理，不可能在狙击涨停板交易中永远以狭路相逢勇者胜来论英雄，吓倒打板客们或者新嫩游资机构。老牌游资是不可能独自唱独角戏的，龙虎榜信息是透明的，那些屡屡使用核按钮对付其他资金的机构，很快就会被市场记入黑名单而遭到唾弃。

所以在博弈中间还有一个策略叫纳什均衡，纳什均衡指的是：博弈双方都采取最大化自身利益、最小化自身损失的优势策略，双方的策略都是回应对手的最佳策略，最终形成了各自满意的纳什均衡。

美国奥斯卡电影《美丽心灵》中描写的就是数学家纳什研究这种新的博弈策略的生平。我们来看在股票中纳什均衡的一个例子，假定有一个相同题材的两只股票，流通盘大小和股价均差不多，一只股票是由 A 主力拉升，另外一只股票是由 B 主力拉升。假设 B 主力每次在拉升三个涨停板以后就坚决以核按钮的方式卖出，因为市场是不透明的，打板客要想参与狙击涨停板，狙击首板的胜率并不高，一般打板客都会选择在第二个涨停板才跟风买入。经过几轮亏损教训，打板客们就会了解 B 主力的操盘风格，选择坚决不参与 B 主力操盘涨停板的股票。而 A 主力，也就是散户中认为就是比较善良的市场游资，每次介入股票中间会选择连续的拉升，这样在打板客中就形成良好的预期，愿意参与 A 主力操盘的股票。

当选择核按钮方式出货的游资主力遭遇市场的冷落，无法自拉自唱之后，自然会选择学习更适合合作博弈的交易策略。

当然，这是我们假设市场中间交易双方比较充分了解的一种简化模式，如果在这个模式中间再加入监管层的第三者，在博弈策略上就更加复杂了。

在市场游资、打板客和监管层三方博弈状态下，应该如何采取对自己更优的交易策略？

假设监管层在股票第三个涨停板后就采取严厉监管态度，或者要求停牌核查，或者上市公司发布澄清公告，一旦突发利空，参与狙击涨停板的市场游资和打板客们都无法顺利出局。这就使市场形成一个强烈的预期，股票涨到第二个涨停板后，为了抢夺先机，参与各方都要在第三天采取核按钮方式卖出股票。如果市场的 A、B 主力都选择股票在第三个涨停板后就卖出，结果就很难出现连续涨停板的股票，最后变成没有人敢于参与拉升涨停板。

这种情况于 2018 年 11 月就出现在中国的 A 股市场，市场情绪完全形成了冰点。监管层不适当的行政干预使私募机构和打板客们陷入囚徒困境，结果是打板客遭遇连续的亏损，不敢参与狙击涨停板。而老练的市场游资只好狼杀狼，最后新资金也不敢参与追逐涨停板，市场没有强势股票涨停，结果市场变成了一潭死水。

囚徒困境在博弈论中是一个非常典型的博弈例子，它假设警察抓到两个持枪抢劫犯，如果这两个犯人承认自己持枪杀人，都会被判处死刑，但如果两个犯人相互串通保持沉默，坚决不认罪，警察只能够判他们每人一年的徒刑。而警察利用博弈策略中的囚徒困境，将犯人分开审判，告诉 A 犯人说 B 犯人已经招供，如果你不招供，你就会被判死刑，而招供的那一位可以得到缓刑。这样的一个诱供方式会使犯人为了有利于自己采取优势策略，都选择了招供，结果陷入了囚徒困境。两犯人中任何一个如果不招供，有可能就被判死刑，而招供承认自己的罪行的犯人都被判处无期徒刑。警察采用了这样的方式得到最满意的破案结果。使抢劫杀人的罪行也都判处重刑，这就是博弈论中的囚徒困境。

而在金融市场中，在市场游资和打板客的博弈中，加入过度的监管层干预，最初会使市场游资和打板客处于囚徒困境。因为在中国 A 股市场，不是所有散户均能够普遍参与做空的机制利用股指期货和期权做空，对冲股票上涨过快过猛的风险。这样，当强势牛股连续涨停时，如果监管层突然发布大面积的利空政策，最终市场游资和打板客都会采用抢先使用核按钮即用集合竞价跌停的方式卖出，这样，市场和个股股价就容易暴涨暴跌，猴性十足。反而不利于慢牛和中国经济对融资的需求。

监管层在股市囚徒困境的这种博弈中类似于警察角色，当监管政策让市场感到利空时，打板客该采取什么样的博弈策略最优呢？

根据 A 股目前的发展中的市场来说，如果监管层的监管艺术火候纯青，相当高超，讲究审时度势，那么最有利于参与狙击涨停板的各方的监管方式，笔者认为是发布利空政策由点到面逐步到位。监管层认为需要对市场降温时，不是直接在财经权威媒体上公开发表打压股市的政策，而是事先采取内部渠道通过券商发布文件的方式，这样的方式消化利空比较温和。利空如节水的滴、灌方式，逐渐渗透到下层，整个股市从顶部的调整也会比较缓慢，不会那么陡峭、突然。聪明的打板客能够在技术图形和指标上察觉股市转空而见机跟随，虽然表面上看似乎这不符合证券交易的三公原则，但在目前的 A 股市场，由点到面地监管，有利于保证市场在比较协调合作博弈的方式，缓慢回撤。不管是大盘还是个股，只要比较平稳地回撤，就不会出现暴涨急跌的极端趋势，使所有参与者都陷入囚徒困境。

对于金融市场来讲，囚徒困境并不是监管层希望看到的结局，这种结果并不利于所有的参与者博弈，也是一种零和博弈。对于打板客来讲，只要吃透监管层顺应市场的监管政策，就能够在比较透明的交易环境中，制定自己参与狙击涨停板的交易策略。而如果市场监管过于严苛，利空不断，逼使市场资金频频使用核按钮卖出，最终市场参与狙击涨停板的打板客就越来越少，市场活跃度就会急剧地下降。

如果打板客只用技术分析的一种单一模式就以为可以狙击涨停板包打天下，那么最终会在机构频频采用核按钮卖出的方式中，以最快的速度亏完本金。要想避免这种悲剧，就不是依靠光使用核按钮，还要学会根据监管政策的方式制定自己的交易策略。2019 年初，证监会发布让市场以最小的简化市场阻力路线，实行买者自负的政策，新任证监会主席提出四个重大监管政策的改变：第一，必须敬畏市场，尊重规律；第二，必须敬畏法制，坚持依法治市依法监管；第三，必须敬畏专业，强化战略思维；第四，必须敬畏风险，坚持底线思维。新任证监会主席这个思路的改变，对于市场和打板客们具有重要的参照意义。结果大大激活了 A 股市场，使大量资金返流市场，市场做多人气急剧上升。

打板客只有深入了解到市场游资和监管层都比较透明的策略，才能够制定对自己最有利的博弈策略，所以聪明的打板客在交易中都是保持灵活多变。顺应市场的混合策略才是最优策略。在市场氛围对涨停板个股持有利之时，打板客可以大胆参与狙击涨停板。而一旦发现监管态度非常严厉，市场情绪一有风吹草动就准备逃离，在游资频频核按钮卖出时，选择不再参与狙击涨停板交易。这就是博弈论中最大最小原则，在处于对自己不利的交易环境时，为了不陷入囚徒困境，宁愿空仓等待。

我们再来看在协调博弈中的个例，例如在一个乡村的十字路口没有红绿灯，如果有两个开车司机相遇，当双方各自都认为自己应该先穿过路口谁也不肯礼让的话，必然造成撞车的惨剧！要是有一个性格彪悍的司机加速通过，另一个司机被迫刹车，则示弱的司机这一方就被前者视为懦夫。假使双方都不想伤面子做懦夫，就会出现非理性的博弈，无脑的撞车事故是最坏的结果。

所以在这个博弈中，最佳的博弈策略并不是盲目充当男子汉的司机，相对理性的司机，退出和野蛮非理性的疯子抢过十字路口的方式，反而是正确的博弈策略。

大家都说2018年的贸易战让中国股票市场很受伤，谁都看不清国际经济，似乎前途迷茫，中国经济好像会变得很糟糕，于是一股脑纷纷跟着卖出股票，结果让特朗普的推特成为中国股市的最大的攻击武器。

如果学了博弈策略，打板客就可以看透，特朗普在贸易战中，其实故意一直采取气势汹汹的高压策略，这就是逼对手感觉恐惧，被迫采用懦夫博弈策略。特朗普不管对中国、盟国、朝鲜、叙利亚，还是对国会、民主党，他的主策略都是一直扮演男子汉勇者胜的行为，严辞厉声威胁对手，企图让对手陷入懦夫让步的状态。然而，特朗普的这种零和思维的博弈策略一旦被对手完全看透以后，效果就大大下降。因为参与博弈的一方，不可能总是采用白痴博弈策略处于劣势，当双方都采用对自己最有利的优势策略时，最终的博弈结果就会形成纳什均衡。

所以了解博弈学后，我们对贸易战给金融市场带来的不确定风险就了解了，可以逐渐消除极度恐惧感，因为我们不会过于悲观和担忧未来不确定的风险，反可以大胆地预测双方参与博弈的最终结果。毕竟像两次世界大战前的那种极端对立的博弈情况是极少的。而在金融市场中，协调博弈是对参与者各方都最有利的结果，协调博弈最佳结果就是共赢。

抱有零和博弈思维的一方，无论你的实力如何强大，在金融市场上，最终不可能持续到最后，也不可能谋求最大的利益！因为你消灭了对方也就等于最后消灭了自己。打板客只要树立这样的信心，就能够运用博弈学来预测和规避风险。

很Q的小丸子问："在打板暴涨的高度板时如何运用博弈策略，回避突发利空的高风险？"

铁老师回答道："对A股来说，散户目前还做不到利用金融工具对冲风险。我们以爱德华·索普投资为例，他非常善于运用概率计算，他也炒当时西方上涨飞快的大牛股，但他会用一个在西方市场只需要很少的保证金的看空股票期权，作为对冲工具，以减低买入高高上涨的龙头股的风险。在这方面，西方市场对金融衍生品的创新远远比中国开放得多，早在20世纪30年代，西方的证券期货公司就可以自己开发金融衍生品，做多做空的品种都比现在A股还丰富，没有什么品种需要先经过层层监管审查才上市。什么时候中国的股市也能够让广大散户普遍享受对冲风险的交易方式，我相信那时的中国股市就更加成熟了。"

这就是我们在这节课要给大家灌输的重点，希望大家努力地复习一下。

思考题

（1）协调博弈在什么场合运用？

（2）什么是懦夫博弈？

（3）如何根据自身的胜率/赔率优势去和实力强大的主力竞争？

（4）纳什均衡在游资、打板客如何运用纳什均衡博弈策略应对监管层的囚徒困境？（本题为高级思考题）

第六章　打板客的仓位管理和卖出原则

第一节　香农之妖和打板的仓位管理

我们知道凯利公式要求，要有确定性的机会才大胆重仓投资。在现实世界中，金融交易市场并不全存在绝对的确定性，模糊的信息和多变的环境是常见而普遍的，如果我们完全用凯利公式来配置投资仓位，计算结果可能过于保守。尽管轻仓投资在一只可能涨停的个股，即使失误不会导致破产，但只有一个假设条件才能保证你的投资组合收益良好。

假定以一个 10 万元的账户，用凯利公式计算，每个投资品种止损为 –2%，则可能在组合中买了 10 只股，也就是你的多元化投资组合。除非你自己有能力盯盘确定每只股票的卖出时机，否则你还必须有几个精懂股票技术分析的亲友，免费帮你盯住这些涨停板的个股，帮助你或者由你发出指令，及时在最高点卖出。这显然是不现实也符合小资金成本的交易方式。

因此，完全按凯利公式制定的投资组合更适合于机构大资金操盘。对于机构大资金，可以分散持有股票，通过组合收益打造一个比较适合的风险评估的综合收益。

而对于个人作战的打板客来讲，仓位过于分散，既不科学也不符合打板客追求的超短交易的高收益。大家都知道一句股票谚语，会买的是徒弟，会卖的才是师傅！那么这是不是意味着凯利公式并不适用于狙击涨停板的打板客？并不完全是这样，我们一定要懂得，从书本上学来的知识如何应用到实际交易中，活学活用到自己的实战中。

既要避免风险，又要集中仓位，这对于打板客来说需要一个相当良好的平衡能力。信息论的发明人香农是西方物理学界公认智商极高的天才，而他也是一个非常优秀的炒股人。香农利用物理学中的热力学平衡原理，借用麦克斯伟之妖创造了一个香农之妖的仓位控制。

香农之妖就是把资金仓位划分为现金池和持仓股票池，当股票涨停时就卖出，把利润存入现金池。而股票下跌时，反而动用现金买入股票补仓，这样，投资者始终保持半仓现金和半仓股票的平衡，犹如热力学中的熵平衡原理。

根据K线每次可能出现四种变化，打板客狙击涨停板能在次日开出阳线的概率为1/4。我们将仓位控制可以把资金分为三份，其中，一份现金买入狙击涨停板个股，另一份作为备用金。

当我们买入1只股票，占用1/3的仓位时，如果看到市场还有机会，想继续打板买入第2只股票，如果账户中还有2/3的资金，可以再动用1/3资金狙击涨停板。但如果持仓已经达到2/3，必须动用备用账户的现金，按照香农之妖的仓位管理原则，必须在打板新强势股的同时，卖出持仓的1只股票。

为什么香农的仓位管理有一定科学性，因为对打板客来说，能否保证超短交易的高水平盈利，考验的是打板客日常打板中每一刻都准确判断，以及对新信息的反应敏锐力。那么，打板客每天在交易期间必须高度集中注意力。经常从事打板的交易者相信都有这样的经历，在经过长年累月的高度关注狙击涨停板个股、每天收盘后，前额和头顶都出现隐约的涨痛，甚至记忆力会瞬间丧失，只记住和股票相关的信息。

打板客一天盯盘4个小时，需要高度地集中注意力，人脑虽然体积只占身体的2%，但消耗葡萄糖却占人体总消耗水平的23%，因此要想成为一个合格的打板客，首先对你的身体素质要求极高。不仅要求智商高，而且要求有强健的运动员一般的身体素质，不然根本无法承受交易中的巨大压力和高度集中注意力的消耗。

人的大脑在打板过程中如此耗费，打板客绝对不能将精力过度地分散，只能够集中在有限的股票上。而按照笔者的经验，以 50 万元资金的中户投资者为例，持仓中超过了 4 只股票，很可能在一周超短频繁交易中无法找到最佳的卖点。大家都知道，会卖才是师傅。为了保证每日狙击涨停板的股票第二天都有溢价，保证打板的最基本收益，最好的方法是手中持仓不超过 2 只涨停板的股票，现金保留 1/3。

这样就可以随时保持高度集中的注意力，处理好已经狙击涨停板的股票买卖，也便于应付突发事件。笔者也曾有过这方面深刻体会，因为笔者最早从大资金操盘的模式转换到打板的超短模式来，习惯不把鸡蛋放在一个篮子里的投资理念。结果发现，经常打板成功后，由于精力分散，特别在市场比较反复震荡时，处理平仓时特别手忙脚乱，买对了强势股，却少赚很多该赚取的收益。因此，当笔者看到香农之妖的仓位管理时，不禁为之击掌叫好。虽然这种仓位管理不能每时每刻最大限度利用资金，但却从概率和大脑科学证明了仓位管理的科学性。

香农创造的这个仓位控制策略，后来成为量化交易的创始者研究的重点。高频交易基金运用声波波形识别股票图形，实现超短套利。在著名数学家西蒙斯的大证章投资基金中，运用香农开创的量化交易理念，连续 13 年，收益高达 30%，他的交易成绩甚至战胜过巴菲特。

前面讲到，作为一个打板客，必须非常清晰了解自己的大脑结构，直觉在什么时候能够发生作用？直觉在什么条件下能够帮助自己做出判断？理性的判断又在什么时候产生作用？国际上那些优秀的数学、物理大师炒股时会得出另外一个结论，大脑是多个大脑区域综合平衡发挥能力的表现。

像香农和西蒙斯这样的科学家，由于先天的大脑条件优越，集中了数学运算和严密逻辑推理能力，当他们跨界进入金融理财领域时，逻辑脑和直觉加上最短时间学习到的理财智慧，结果使得这些自然科学家很快达到投资大师水平。

大漠苍鹰:"老师,牛顿不是也被誉为18世纪的天才,创造人类第一个力学规律,但他不是也在南海泡沫中损失了近自己半生的积蓄。科学家似乎都能在金融交易上成功。"

铁老师:"牛顿虽然在物理学上贡献极大,但牛顿对概率论相当不了解。了解科学史的人都知道牛顿笃信宗教,他曾说过天体的第一推动力是上帝,这就说明牛顿的思维还是有固定框框的。我们现在去看南海股票当时的图形,明显有见顶的形态,换作现在 A 股的老股民都懂得应该止损卖出。但牛顿却固执坚信股票还会上涨。这就是他本人思维局限,或者说牛顿的大脑钱商还不优秀。如果仅仅是一个智商很高的自然科学家,他可能会做出科技的重大发现,但钱商不发达,一样不能在投资理财上取得很高的成就。只有两者很好地结合,才可以成为香农、西蒙斯、索普这样的自然科学家跨界的卓越金融投资人。"

第二节　打板客的止损和卖出原则

对于严格遵守止损纪律的职业打板客来说,仓位控制不是问题,因为他们习惯全仓 1 只股票或者最多分仓 2 只股票。这样就能高度集中注意力处理卖出的情况,无论是止损还是止盈。以下是笔者为打板客制定的一个七大卖出原则:

(1) 次日开盘下跌,一小时内还不收阳,坚决卖出。

(2) 次日高开低走,触及止损位(为前一天的最低价),坚决卖出。

(3) 次日开盘高开高走不封涨停,尾盘落袋为安卖出。

(4) 次日大盘情绪温度转为冷,个股炒作情绪从高温期下降,涨幅低于 7%应该卖出。

(5) 首板为尾盘涨停,次日反复放量开板,当日尾盘或者次日开盘必须坚决卖,走在他人前面,对鱼尾行情不留恋!

(6) 连续两个一字板,次日出现下跌 V 形回封涨停,如果没有在尾盘卖出,必须在次日 9：40 前的拉升卖出。

（7）前日追板，次日低开 7%，止损卖出，如果来不及卖出，直接跌停，则在跌停板出补仓。如果当日有反弹，先卖出旧仓位，次日趁反弹清仓。

为什么特别强调打板客必须在关键交易时刻高度集中注意力呢？因为用博弈论的观点看，在涨停板的博弈中，普通打板客的博弈和机构的博弈，特别在熊市中双方博弈，基本是零和博弈，不是我赚就是你亏。游资狙击涨停板，打板客跟风上车，当日尽管买入成本有差异，但都在同一条起跑线上。次日谁先卖出，谁就博取了涨停板的溢价。在市场环境恶劣时期，打板客要避免被游资砸盘卖出的核按钮方式，必须高度集中注意力和保持敏锐准确的直觉，把控制高风险放在参与狙击涨停板高收益的第一位。

在牛市中，市场环境对游资机构和打板客们都比较友好，出现双赢和多方共赢的现象比较普遍。但因为谁也不是神仙，无法准确估计题材终结和周期性龙头熄火，股票高位总有一些最后接棒的股票交易者。这在日常交易中有时只给打板客几分钟甚至十几秒的决策判断，是卖出止盈，还是持续持股待涨，或立刻止损，在这个关键时刻，比拼的就是打板客的临机应变能力，而我们在前几节课程讲过大脑的逻辑推理过程比较缓慢，遇到这种突发事件，根本没有足够时间让逻辑脑理性决策，拼的就是谁的直觉灵敏正确。如果一个打板客的仓位中有十几只股票，即使遇到利空时大脑直觉准确，但难免中卖出股票时无法对每一个股票判断准确，牵肠挂肚，会使自己原本的良好收益大打折扣。而抵御市场各种涨停板的机会，就如一个血气方刚的年轻人刚到花花世界，乱花渐入迷人眼，很难控制自己冲动的欲望。这就对打板客如何科学地认清市场情绪变化和严格控制自我情绪周期要求极高，也是一个打板客一步一步进阶到顶尖高手的重大难关。

打板客的大脑识别，经过整理的、条条有序的股票形态或者趋势图形，才能保存最佳的股票信息。如果你吸收了一大堆杂乱无章的知识、海量的信息，是无法在大脑中间形成及时反应、敏锐的直觉或者理智的逻辑推理。

因此，对于打板客来说，想成为更优秀的、特别顶尖的打板客，除非你得到了一个严格科学的训练，或者自己有极高的悟性，不断自我纠错，否则，很难在职业打板生涯中一步步升阶成为成功的打板高手。

当打板客的准确的直觉没有持续改进，一旦你在打板交易中连续失败多次时，就会在心中留下阴影。在概率论中，前一天发生某国飞机事故和第二天又一个国家的飞机事故，一般情况下基本是属于各自独立的事件，没有因果关系。而在打板客的股票交易中，每个交易独立事件中存在一定的关联性。只要打板客是无脑打板或者在交易状态较差的情况打板，这样的打板成功率就不是50%对50%成功和失败各半的概率，而是失败的概率持续大幅上升。

第三节　打板的混合策略

在市场环境非常恶劣的时候，游资和打板客的博弈经常不是合作博弈，而是零和博弈。按照博弈论创始人、数学家冯·诺依曼的最大最小值定理，既然博弈是零和，打板客在避免对方最大的可能收益的同时，才实现了自己最大可能损失的最小化。这句话可能听起来有些拗口，通俗的解释就是打板客必须时时刻刻考虑到我们是在市场中和对手进行博弈，这个对手有主力机构，有比较高明的牛散，有比你更加聪明、反应更快的打板客，那么在博弈中间为了不使对方的利润最大，就要尽量使自己的损失做到最小。

要做到这一点，打板客要尽量去参与存在共赢的博弈，聪明的打板客，在不利于自己的交易选择时，轻仓试错，或放弃打板，如果聪明的打板客总是采取随机决定的混合策略，即根据自己打板成功的胜率，评估做出的最有利自己、损失最小收益最大的最佳决策，最终的结果就是，游资企图收割的韭菜只有那些无脑打板客。这就好像玩石头剪刀布的博弈游戏，如果无脑打板客总是用固定的思维和交易策略参与打板，就好像他总是一直出拳头早被对方识破，结果必然是输多赢少，迅速亏完账户本金。

有时在打板客的朋友圈的讨论中，经常争论到底是打板的逻辑重要，还是技术功底重要？从泛脑科学的角度看，只有经过严格科学训练沉淀下来的宝贵经验，才会在打板客大脑中形成最佳优化的大脑神经回路，生长出通畅速度更快的神经突触，在关键时刻出现灵光一闪的准确直觉。

市场游资，特别按散户的话来说，有一些不那么善良的游资，总是用各种方式培养普通打板客的定式思维。当许多打板客自以为找到一种成功赚钱的打板模式时，无形中已经陷入一个博弈陷阱，成为某些奉行零和博弈思维的机构收割的韭菜。

因此，从博弈学角度和概率计算上，打板客不能固定采用一个一成不变、全仓打板策略。我们经常看到某些打板客朋友在打板圈的网络平台发表帖子，称自己已经悟道，即将成为赵老哥第二，很快就能几年一万倍。然而恰恰是这些所谓悟道的打板客，只是暂时在某一种技术形态中找到短线获利的交易模式，如果不根据交易变化及时修正自己的先验概率，按照贝叶斯法则，依照已经错误的先验概率去推算下一个概率的结果，很快会陷入迅速亏损的状态。

对于打板客来说，虽然知道精通一个交易模式比熟悉许多交易模式更容易短期获利丰厚，但如果就此不学习不进阶，停留在原有的技术水平或者原来的智商中，很可能无法与时俱进，被变幻莫测的金融市场再度打败。新人打板客开始学习打板交易策略，如果是一个比较成功的模式，就能够奏效，短时出现赚钱效益。但如果打板客一直延续使用这个交易策略不加以改变，可能在某天突然发现这种交易模式不灵了，屡屡打板出现亏损。这时，需要打板客根据市场环境、游资的手法变化，及时修正自己的交易模式，以适应新的市场机遇和风险。而要做出这样随机应变的正确反应，不断制定最优的混合策略，和打板客的智商是否一直保持最佳状态，并科学使用大脑有最直接的关系。

按照博弈论，打板客参与打板的模式，没有固定的模式，随机应变的混合策略，是打板客最佳也最不容易被识破的交易策略。

什么是混合策略？我们以博弈论中曾研究的经典例子——足球罚点球为例：在点球大战中，守门员和射门远动员的博弈，射门运动员的策略可以分为，射球门左边、右边，又可以细分为左上角、左下角、右下角、右上角、中门，还可以采用假动作迷惑守门员，因此简化归结起来，射门的策略就有六种。

按照我们中第一节脑科学分析给大家提示过，在足球射向球门的那一瞬间20毫秒时间，大脑反应能力根本无法也来不及判断足球的飞行方向。所以，在点球大战中，守门员肯定处于博弈中的劣势。守门员都必须预先做出判断，提前扑向他预测的足球方向。否则等对方起脚射门，已经来不及了。而射门运动员却有可以随机选择射门策略，射中球门的概率肯定大于守门员扑住足球的概率。这就是点球大战中为什么进球数总是永远大于被扑出的球数。

然而，我们可以看到点球大战中，老练的守门员能够扑住点球概率要比一般的守门员高很多，这就是他久经球场锻炼训练出来的直觉反应能力，能够运用直觉预测到对手射门的方向。

在狙击涨停板中间同样也存在各方的博弈关系，一个市场游资在狙击涨停板时，都充分了解具体涨停板的标的股票。例如，这只股票是否有中长线价值投资者的持仓筹码，如果价值投资者的筹码非常稳固，那么游资就会判断拉升这只股票涨停板是受锁仓机构欢迎的。这是对游资来说，狙击涨停板的成功胜率就大于60%。而游资主导的涨停板可供他们选择的策略有：

（1）狙击涨停板成功以后，持续拉升连板；

（2）次日，先拉高然后逢高卖出；

（3）低开洗盘，等到第三天或第四天再拉升；

（4）在拉升涨停板当天在涨停板位置大量卖出；

（5）遇到突发利空，次日直觉按跌停板价格集合竞价卖出，即核按钮；

（6）发现跟风盘过多，采取数天横盘震荡，洗出跟风盘后再进行拉升。

由此可见，市场游资和打板客的博弈关系，类似于点球大战中射门运动员和守门员的关系，游资始终在市场中占据主动地位。

因此，要想更好地参与狙击涨停板，获得次日的溢价，聪明的打板客应该采取混合策略，做好交易方案的预判，尽量参与有共同利益的协调博弈类型涨停板。这样共赢的涨停板，由于新题材的充分上涨空间，筹码锁定的牢固性，使得股票持续上涨的概率（也就是赔率）很高，打板客能够从中分享溢价的概率自然高，也可以在仓位上大胆加到安全的比例。

原则上，打板客采取的打板策略包括仓位管理，随时都应该是多样化的混合策略。凡是对自己有利的交易才参与，不利的时候就放弃或者轻仓观望！这样针对不同的市场情况采取的混合策略，就有希望保持狙击涨停板的稳定收益。

然而，要针对市场和对手盘制定混合策略，这犹如一个久经考验的守门员一样，不是一朝一夕就能培养出来的能力。不仅要求打板客对于各种优秀技术储备有相当的沉淀，还需要打板客对市场情绪的理解力和自己情绪周期自控力都达到很高的水平。

思考题

（1）你对香农的仓位管理怎么看？

（2）为什么参与共赢博弈是打板客成功的要素？

（3）怎么制定混合交易策略？需要打板客具备什么技术储备？

技 术 篇

第七章 龙头战法和寻龙诀打板战法

第一节 龙头是如何产生的

要想成为一个成功的打板客必须要识别了解龙头战法，虽然很多人都声称找到了龙头的标准技术图形和主力拉升龙头的模式，但我们从博弈学的策略可以得出一个重要结论，龙头不可能有标准化模式！

每个时期的龙头都是市场多方主力参与的结果，尽管每次事后分析，似乎龙头的技术图形、事件驱动热点有迹可循，但实际上在龙头诞生初期，任何一方主力在涨停首板，或者二板三板，没有什么机构能够预测到哪一只股票肯定会成为龙头。这个结论可能会使打板客感到沮丧，因为打板客都是试图预测出龙头的最大确定性才参与，实际上你想确定一个龙头，然后做出集中所有的资金去买入的这种确定性决策，通常都是徒劳无功的。从世界顶级扑克大赛中，我们可以得到一个启发，中级玩家极力找确定性，而高级玩家或者说顶尖玩家恰好是在不确定性中寻找机会。

我们经常看到一些财经网分析的帖子，在推荐可能成为龙头的个股的逻辑推理上讲得头头是道，然而选出来的股票就是没有成为龙头！很多股民看不懂为什么有一些看似没有很大优势的股票会成为妖龙，这只能够说明一句真理，市场选美的标准就是选大众情人，而不是个人偏好。

任何一个龙头股，它的上涨高度取决于以下几个方面：

首先，老龙头的高度影响新龙头的连板高度，除了热点事件本身的驱动力之外，老龙头的连板高度影响着下一个接力龙头的高度。例如，恒立实业在 2018 年下半年曾经是资产重组的龙头，最高的连板高度为七个涨停板，新的龙头产生的时候，就很有可能也会涨到七个涨停板。而参与新龙头的打板客预估新龙头有可能会涨到第七个涨停板就见顶，一些游资和打板客提前卖出。结果新龙头的连板也只能达到六个涨停板。

其次，如果老龙头只有三个涨停板的高度，那么所有打板客的参与预期就大大下降了。这就跟城市房屋建设如出一辙，如果国家住建委的政策规定，城市不允许楼房高度超过三层楼，那么，城市中就看不到任何一个建筑标杆了。这就形成一个强大的交易阻力。看似保护中小股民，其实在交易所要求上市公司澄清上涨理由之时，就是做多打板客的亏损之日。常山药业（300255）曾发过一个中国 7 亿男人都需要伟哥的类似公告，刚涨了三个涨停板，深交所问询该公司，常山药业立刻出现了开盘跌停。接着出现连续大阴线，套牢的都是中小股民。监管也是有成本和代价的，严苛过度就会使资金逃离市场，而监管艺术差点火候可能导致反效果。市场的游资总是沿着市场阻力最小的路线前进，因此监管层的政策，对于龙头的高度起到决定性的作用。

龙头在市场所起作用就是标杆的高度示范效应，想树立一个巨大的连板龙头和主力的收益并不是成正比的，东方通信是跨越 2018 年末到 2019 年春节前的总龙头，涨了二十几个停板，但有的人说这是庄家的操作。其实庄家这种概念已经基本过时了，因为现在的监管非常严厉，操纵股票是要遭到严厉处罚的。对违反证券法的上市公司，证监会还会秋后算账，不仅处于高额的罚款甚至移交公安部门法办。所以在大数据监查软件面前，没有机构敢明目张胆地做庄这种行为，也就不存在什么做庄，那都是 10 年前的事情了。对于市场龙头来讲，之所以会连涨十几个涨停板，去看龙虎榜接力的数据就清楚，市场主力其实并没有什么巨大的中长线收益。通常都是今天买入，明天卖出。那么为什么这些市场主力要一直去接力追买这么一个看起来似乎风险很高的龙头呢？这就跟龙头的标杆效应有极大的关系，因为一个龙头曾产生的标杆效应，可以辐射到整个板块的上升效应。以恒立实业（000622）为例，作为资产重组的一个龙头，恒立实业连拉七个涨停板就带动了资产重组板块整体的上涨。虽然说市场主力交互接力龙头，在一个龙头股上并没有赚到很多的钱，最多也就是10%～15%的收益，但主力在整个板块布局的资金收益却是相当可观的。这也就是主力乐于见到市场游资拉升高度板、加速板，龙头的产生是市场的合力的作用，龙头的标杆高度决定了整个市场的上涨高度，也能够相应的提升基金的净值上升。这也是2019年监管层采取了市场化的政策后，大大提升了市场资金做多的热情，使市场的赚钱效应猛增的根本原因。蛋糕做大了各方才能分享更大的蛋糕份额，这是经济学的基本原理。

很多打板客老手都清楚地知道，龙头是靠试错找出来的。龙头战法粗看起来就像傻瓜式交易，非常简单。一旦买到龙头，就是上涨——行云流水般的连续涨停板。

捕捉龙头股的难度不在于操作方式，而在于上涨的高度击穿了散户的心理底线，挑战人性的极限选择龙头股很难，但发现龙头股敢于追涨上车更难，这考验打板客的胆量训练，而不是纯技术。

龙头股集暴利性、安全性和单纯性为一身，成为市场公认龙头后，上涨空间通常让市场大跌眼镜。妖股是龙头中的龙头。连续上涨的涨停板数量更是成为上涨空间板的绝对标杆。

龙头股的特征：

（1）龙头股总是一马当先带动同一板块甚至大盘上涨。

（2）龙头股的人气最高，这也是发现龙头的第一要素。龙头股成为了股民最热门的话题，也成为各大媒体的聚焦点，是龙头股属性使然。

（3）在龙头股上介入和接力的资金最疯狂，有时甚至达到"和尚打伞，无法无天"的境界，藐视大盘和市场质疑的利空，鹤立独行的上涨。

（4）龙头股的产生多数来自民间游资，市场游资对于机构，长线资金重仓布局的大蓝筹，一般会加以回避，所以龙头通常都产生在市场意想不到的个股上。如果说在牛市来临之际，国家队主力制造出一个大蓝筹的龙头，那么，市场游资就会变本加厉地制造涨幅更大的题材龙头，这时非常值得打板客们参与。

龙头在基本面上受大事件驱动推动的。一个龙头至少要崭新的题材，题材上涨的空间至少要能够持续 3 天以上。因此要锁定龙头股，就是把目光聚焦在最热门的题材，发掘最大的上涨空间。

如何分析题材的上涨空间呢？一个方法是从官方媒体如 CCTV 的财经电视新闻联播，证券权威媒体报道的重大事件中寻找，例如雄安新区、5G 概念、上海科创板成立，等等。

题材热点一般会以两种方式来临：①"悄无声息，于无声处听惊雷！"这样的题材通常机构有一定的潜伏盘，筹码比较集中，上涨起来具有闪电般快速上升的电梯股性质。②"张灯结彩，擂鼓喧天"，这种题材非常热闹，但也容易来得快，去得快，一旦雨点大雷声小就会见光死。所以，分析重大财经新闻的基本功夫是关注基本面的打板客必须修炼的功课。只有训练出能够鉴别题材上涨空间的能力，才能够第一时间锁定最具有上升空间的龙头股题材，过滤掉那些一日游的题材和见光死的公告板，剔除含有水分的假龙，把真正的龙头收入囊中。

选龙头就和选美大赛一样，尽管每个人的审美观都不一样，但你要想预测哪个是选美冠军，就必须跟随大众审美口味。当然，选美冠军的出现也不是毫无规律，首先要颜值高，身材好，谈吐有素质。按图索骥固然不可取，仅按个人偏好肯定无法捕捉龙头。

第二节　运用龙头战法的关键

牛市狙击龙头股涨停板，题材够大、概念够多，板块资金流入最多，抓不到龙一，打板龙二龙三也能充分享受上涨的巨大收益。

打板龙头，看似简单也不简单，看似难也不难。从技术上看，由于市场游资反应最灵敏，也做出了研判技术的攻克，所以打板客除非自己有非常确切的基本面的消息来源，否则应采取跟随市场的策略，可以在牛熊市转换中寻找领涨最早最快的个股中寻找龙头股。因为龙头股的属性是市场人气的指标，通过发现主力资金介入是抢筹还是逢高出货？有没有在早期潜伏的主力持仓筹码？弄清强势牛股的基本状况，有利于在制定交易策略中提高打板的成功概率。

在新旧龙头的切换中，新概念题材越大，越可能顺利地切换。而时间跨度越长，老龙头越可能消亡而逐渐切换到新龙头的诞生，行情越好，越可能出现各分支龙头群魔乱舞。当然，龙头股也具有垄断性、排他性和独占性，一山不容二虎，一个题材是不容二个龙头存在！股市的总龙头，通常只有一个，俗称宇宙总龙头。我们可以从2017年的贵州燃气、宏川智慧到东方电子这些总龙头股看到，能称为总龙头的特征是跨越较长的时间周期、持续的上涨。但分支龙头因为题材较小，切换周期就比较快。当旧龙头被新龙头卡位，打板客应该立刻追打新龙头，趋强避弱，喜新厌旧，必须成为打板客超短交易的一个原则。

龙头股在交易法则中第一步就是亮剑，打板客必须何时发现龙头就何时立刻买入。如果不能够立刻鉴别出哪个强势股是真龙，则可以采取试错的方式，先轻仓买入，设好最小的止损点，一旦发现买错了，应立刻止损卖出。按概率估计，如果试错10只股选到1只真正的龙头，这是值得付出的。真正的龙头带来的丰厚收益足以弥补试错成本。

买到真正的龙头，记住一定要坚定的持股一段时间。因为打板客，特别是只有几万元资金的新人打板客，买到真龙头之后急于卖出反而是错误的。小资金打板和市场游资操作狙击涨停板的方式要有所差别，小资金捕捉真龙不容易，要采取坚定持有，不被机构洗出才能收获可观收益。龙头股的上涨幅度少则1倍多则5~10倍，只要不是追在最高点，敢于持股就必定有很满意的收益。

上海欧巴问："究竟有没有什么可以从技术形态或者事件热点上很确定哪只是龙头股，按概率计算70%以上估计能够成为龙头的分析要素？"

铁老师说："我们来看实例：累计30个涨停板的2018年11月~2019年2月

的总龙头东方通信（600776），这只股票4个月涨了10倍，成为众人瞩目的耀眼妖股。"如图7-1、图7-2所示。

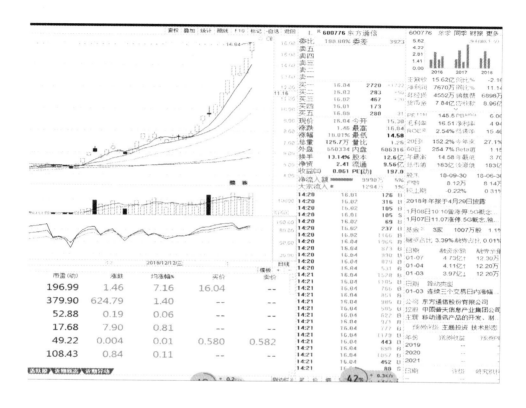

图7-1

看完东方通信的走势，你们可能感叹，只要去年在5元多买入（图7-2箭头标志之处），一直持有，不要做别的股，也不用操心市场涨跌，就可以获得巨大收益。但这只是新人打板客的一厢情愿。像东方通信这样的龙头，亲身经历过的打板客都知道，它是市场自然选择中脱颖而出，最终才成为公认的龙头甚至妖龙。

龙头战法注重以下几个要素：

（1）分析龙头首先找事件驱动热点，集中当下大盘热点的板块才会产生龙头。对于题材概念来讲，一般分为重大题材炒作和一般题材炒作：2013年上海自贸区、2017 年的雄安新区、2018 年的创投概念，这种属于重大题材炒作，只要盘中有分时的回调就是买入的机会。

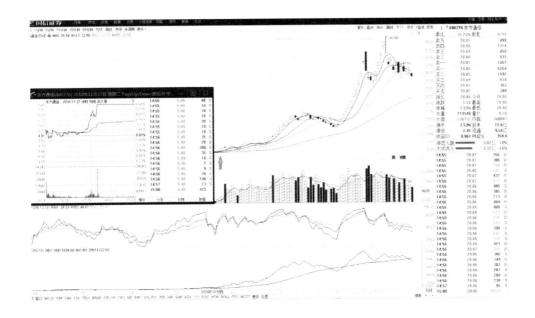

图 7 - 2

　　一般的题材炒作，往往力度较低，炒几个交易日就歇火，对于非职业打板客，这类题材更适合等待回调后的买点，往往直接追高风险较大。训练有素的打板客通过辨别题材属性就知道在什么情况下应该采取何种交易策略。

　　（2）龙头股未必是业绩最好的蓝筹股，蓝筹股在打板客的习惯语中称为明牌，什么信息都很透明，公募基金扎堆进驻，自然也就不具备短线爆炸的电梯式拉升动能。寻找龙头首先要按照以下几个标志：

　　1）上涨空间。在二级市场，龙头股上涨空间充足，中低价没有被充分炒作拉升的个股，一旦受到事件驱动，容易出龙头。

　　2）流通盘较小。龙头股主要受资金驱动产生，短线飙升的前提是筹码容易控制，流通盘小是一个重要条件。当然，也不是流通盘越小越好，一般在流通股 3 亿～7 亿元，最容易被游资机构挑选为龙头标的。

盘口走势强于大盘行情和板块趋势：凡是龙头都是机构慧眼识珠，敢于逆势拉升的个股。因为涨停板是目前 A 股的最高涨幅，只有在市场第一个封板才能吸引眼球，聚集市场人气。龙头股当日盘口表现必然是最强劲，最耀眼的明星股，首板分时封涨停的流畅走势是龙头股诞生的最初标志之一。

龙头股是二级市场一波上涨行情的旗帜，涨时率先涨停板，之后连续涨停，涨势凌厉，是真龙现身的特征。就是说龙头股必然是市场个股上涨高度的唯一标杆。

3）风险特征：在大盘一天有多个个股涨停板时，究竟哪个涨停板的个股会成为龙头？对于打板客来说，发现龙头股时，可能已经拉升 3 个涨停板以上。从散户心理来说，一般评估连板股的风险时都认为偏高，然而主力往往反其道而行之，逆势连续拉升。因此，发现龙头股恰恰是高度关注强势涨停个股在回调时的表现。由于提前进入的主力在 3 个涨停板后获利较为丰厚，有兑现利润的需求。而追逐龙头股的围墙效应，又使得墙内的人想出来，墙外的人欲进去，市场分歧就此产生。在三进四的涨停板过程中，做多主力的对盈利兑现导致封涨停的筹码松动，开盘下跌或者在封板时大量出货，股价出现大幅动荡经常不可避免。这时辨别什么股票可能成为龙头的重要标志，要看哪只股票在市场大幅震荡中纹丝不动地维持早盘的涨停板，或者在大盘暴跌中瞬间开板后立刻被强劲回封，只要盯住市场最强人气最高的涨停板股票，擒获龙头股是大概率的。

一般情况下，龙头股产生于一轮跌势的末端。经过一轮下跌，此时市场毫无信心可言，老的题材匮乏，而新的题材青黄不接。市场上全是观望的资金，或者打一枪就跑的资金。如果用跌停板判断行情最直观，在熊市末期，市场上涨停板极其稀缺，基本上没有二连板的股票，而每天跌幅榜上 5% 以上的个股甚至跌停板比比皆是。突然某一天，市场中的跌停板大幅减少甚至没有了，而涨停板的个股一天有多个自然涨停时，打板客就要瞪大眼睛了，因为市场也许意味着否极泰来了。

但这个时候也不要急于进场，要观察市场中是否存在二连板，如果有二连板的股票，一定要列为重点观察的对象，因为未来的牛股大概率从这些股票中间产生。

很多打板客老手都清楚地知道，龙头是靠试错找出来的，一只二进三的强势连续涨停板的股票，理论上都有可能成为龙头。然而究竟有没有从技术形态或者事件热点上可以很确定是龙头，用概率判断70%可能成为龙头？

第三节　寻龙诀打板战法

作为龙头战法的升级版，寻龙诀打板战法更注重全方面影响龙头股产生和暴涨的综合要素。用寻龙诀打板战法狙击涨停板有七个变量，总结如下：

（1）政策监管。政策取向和监管导向不排斥做多，监管层的政策宽严度是影响打板客交易策略的首个内生变量。

（2）大盘环境和氛围。适合题材炒作，这里包括大盘指数、总体股票的红绿比、涨停板个数/跌停板个数比、主力资金流入流出比、赚钱效应等统计指标。

（3）热点题材，清晰明确。这包括行业题材的政策级别、持续性、扩散性、资金进入的量能强度等。

（4）龙头高度。龙头的涨停板总数和连板数量：龙头潜伏的题材，龙头走势强于大盘的趋势，各知名私募或市场游资参与龙头接力程度，周期龙头在阶段的最高板对比，龙头带动板块连动能力，包括在龙二、龙三的套利成功程度。

（5）K线日线确立经典上升形态和趋势。

（6）主要技术指标系统良好，没有顶背离状态。

（7）分时升势流畅，日内大资金流入明显。

根据研究记忆的西方科学家总结，人脑在短时最多只能记住7个重要信息，因此，将最宝贵的注意力集中于有限最重要的信息处理上，是打板客成功的关键之一。

在以上七要素中，当监管包容、大盘温度回暖、题材明确、龙头清晰、日线强势、指标无忧、分时强劲的共振下，就有机会在较大概率上博取隔日超短溢价，也就是确定较高胜率下的交易。打板客必须等待有较大确定性的交易机会。对于抓龙头的打板客来说，并不是每时每刻都在交易，而像好猎手那样，耐心等待属于你心仪的大猎物，潜心等待龙头股的横空出世。

反之，当胜率明显不足时，无法覆盖低赔率风险，假如此时押上重仓硬博，那就陷入无脑打板的亏损困境了。

什么情况下胜算大？四者和谐共振时最佳，两者衬托时次之。哪四者？大势、板块、个股、情绪，这就是寻龙诀打板战法在龙头战法上的升华！寻龙诀打板战法强调的是所谓势、块、态、情的四位一体。

"势"指的大势，然而不仅仅是指大盘的趋势，大势指的是：整个市场的资金驱动力、资金流向、市场热点。如何对大势进行研判呢？在宏观经济方面，我们可以选择几个重点的观察指标。大家都知道中国股市是资金市，资金流动性决定了大盘和个股上涨还是下跌。

什么是决定资金的流动性的重要因素？从货币政策上看，降低利率，降存款准备金率，提高公开市场资金投放，都是对股市的利好。反之，央行提高利率，提高存款准备金率，收回公开市场的资金投放，都是利空。

对于货币政要从前瞻的角度进行预测，要关心通货膨胀指标。通货膨胀可以从两个方面观察，CPI是居民消费的价格指数，直接关系到通胀水平的衡量，这其中我们可以根据中国的特点，特别关注农产品价格和房地产价格的涨跌。PPI指数是生产资料价格指数，我们主要关注大宗生产资料商品，如钢铁、煤炭、原油以及制造业购买经理指数PMI，通货膨胀或者通货紧缩会影响央行对于货币政策的松紧决策。

从财政政策看，中央政府加大基础建设投资，降低税率降低企业所得税和个人所得税税率，包括降低各种收费（对股市直接的税如印花税）都是利好。反之，加税和减少基建预算，就是利空。对于宏观经济，打板客不可能研究得非常透彻，因为牵涉到研究内容很多。例如，要深入了解财政货币政策，要研究债务市场的结构和规模，研究商业票据贴现率和商业银行之间的利率变化。虽然有这方面研究功底的打板客，具备交易上的先机优势，但人非超人，打板客普遍精力有限，做到对基本的财经信息有清晰了解是打板客的基本功就足够了。

对于大势，外围股市属于外生变量，也是影响股市重要参考因素，打板客现在需要国际化视野，眼观六路，耳听八方，主要关注美国股市、欧洲股市和亚洲股市的香港股市和日本股市的变化。

"块"指的是板块，现在的证券软件很先进，以同花顺软件为例，点击上方栏目的板块字样，就会自动跳出当日板块动向。板块受到影响的主要因素是行业重大政策，行业科研进展，行业盈亏状态。板块受到事件驱动影响最大，也是龙头股产生的温床。

"态"当然就是个股，强势涨停的股票形态是新人打板客最热衷研究的技术，但在寻龙诀打板战法中，如果用十分来计算，七分大势，二分板块，一分个股。大势未衰竭是重中之重，这就是我们强调打板客必须顺势操作的重要原则。大势是风，板块则是风口，决定出击的个股标的则是风口之中的标的。所谓风来了，猪也能飞上天！这就是我们说的确定性。

"情"就是市场情绪，这是当下交易融入心理学和金融行为学最新研究的新技术，更加重视市场情绪波动周期。这方面是索罗斯的反身性哲学，强调和大众思维反周期交易。无论在牛市还是熊市，要想做到真正成熟成长、实现弯道超车，靠的是对市场的最深刻理解，凭的是对人性最直达的洞察。

熊市中因为是存量资金博弈，此消彼长，二八规律在市场内体现得淋漓尽致，节奏把握显得尤为重要。大盘的节奏，即多空势态的发展遵循能量守恒定律。作为专业打板客，应该时刻感受市场情绪的演变过程。

市场情绪分为四个阶段：①情绪冰点；②情绪转暖；③情绪高昂直至亢奋；④情绪急转而下。

第一阶段，在经历一波下跌后期，中长线持股交易者也因为忍受不了超跌之后的最后急跌，产生极度恐惧情绪，情急之下落荒而逃。这时，看空者数量远远大于看多者，市场成交淡静，抛压力量消耗殆尽，逐渐形成阶段筑底过程。

第二阶段，在缩量筑底过程，只要稍微有激进资金进场，都可以止住个股颓势，拉起深 V 形态，但这时多半还是激进投资者的交易，市场大多数资金还处于观望阶段。如果大部分指数开始收出长下影线，则第二天会促使更多的场外观望资金进场抄底。赚钱效应发酵后，会激励更多的资金加入多头，最后重拾攻势，确立一波反弹行情。

第三阶段，当政策面暖风频吹，驱动事件和热门概念此起彼伏时，群出不懈，这时职业打板客已经全天出动，妖龙、龙头、分支龙头、接力龙头、补涨龙头接踵而至，国家队和各路市场游资各显神通，出现普遍涨停板的格局。当股民开始频频自称股神的时刻，大盘逐渐走向局部顶点，技术指标出现顶背离，监管层也开始为股市过快的上涨感觉不安，权威媒体时而有唱空的声音刺耳，这时，聪明的打板客已经嗅到市场情绪的转折点，及时抽身而退，不吃或少吃鱼尾行情。

第四阶段，你身边所有的亲朋好友都在谈论股市和赚钱的容易，市场看空的言论几乎没有生存之地，一出来就被舆论痛斥。突然某天，重大利空不期而至，在防不胜防中，所有狂热的交易者都经历巨大的利润回撤，卖得快、止损得快的交易者，还保住一点利润，手脚慢或者脑子反应慢的人已经陷入深套。市场情绪重新陷入低迷状态。这就是整个市场心理周期周而复始的过程。

因此，打板客必须记住市场的三大规律：强者恒强，过犹不及，物极必反！

一切正常的市场皆遵循这三大周而复始的规律，这是大局观，不管是大盘还是板块或是个股，更包括上涨和下跌周期。

强者恒强其理论基础是龙头溢价效应，因为市场资源是有限的，在吸引眼球的市场经济时代，大部分交易者的注意力必然集中在龙头身上，所以越是率先走强的龙头，越得到市场的呼应。犹如在战场上的大旗挥舞，跟随者无数的道理。

过犹不及有两层意思：一是市场资源向明星龙头股倾斜的过程会过犹不及，二是本身的上涨过程会过犹不及，这是很多人往往提早警惕到顶但往往后面还有加速过程的内在逻辑。龙头股一定会有一个过犹不及的过程。

物极必反：这个规律很浅显，也是宇宙中万物运行的必然规律，但却常常被最多散户漠视。有多少散户因为眼睁睁地看着一个强势股变成龙头，又升级为妖股，从眼观手不动，到怦然心动，最后忍不住高位进场接力，然后心情志忑祈祷继续涨停板。被高位套住又舍不得止损，不断抱怨外在因素影响该股上涨，直到彻底失望牢骚满腹割大肉离场。

当大势、板块和个股形态、市场情绪形成四位一体的共振时，就是寻龙诀战法雷霆出击的最佳时机！

因此，优秀的职业打板客研究市场，倾向于把市场看成一个立体面，包括简化为四个方面：政策面、资金面、技术面、情绪面。熟读四面，就能熟练把握市场，把握股市起伏的周期。

跟市场走，市场才是我们唯一的朋友，朋友合拍，其利颇锐！绝不要去抱怨市场！市场并非无情，只是有些人不愿意反省和顺从。

从这个角度来说，要做打板客的赢家就只有：①学会和市场做朋友；②与善于和市场共舞的高手为伍。

市场最缺的是什么？是机会？否，是等待的耐心。机会来了的时候，有仓位才是属于我们的机会。炒股除了交易还有就是等待，当然，等待并非远离市场，而是若即若离不时试探。研究、等待、试探、交易，这就是炒股打板的全部。有些人一天用几分钟交易，有些人用十几个小时研究。这就是不同之处。

成功的人生一定是有所驾驭，驾驭什么？不是市场，而是自己，确切点说是人性的弱点！在克服人性弱点上永无止境。

在市场中有所为有所不为。大势不对时不做，板块没有行业利好时不潜伏，个股没有经典形态时不列入自选，交易状态不佳时不做，鱼头鱼尾莫贪图！做到这四点足以跑赢市场80%的人。

风向明确、风口强劲之时要做，甚至不惜放大杠杠做，平时轻仓玩，做到这两点则有望跑赢市场95%的人。

下面以2018年的两大牛股贵州燃气和万兴科技为例。通过K线图的对比，我们看龙头股的强弱对比一目了然，如图7-3所示。

2017年11月23日，大盘一根大阴线直接破位，市场处于阴跌的阶段。而贵州燃气早已经先于大盘见底。12月20日，一根涨停阳线确立一轮妖股行情的开始。而当时市场依旧没有从悲观的行情中回过神来。12 月 20 日，涨停的个股，替除次新一字板和复牌一字板，实体涨停的个股仅有 2 只。分别是贵州燃气和深天地 A。而两市跌幅在 5% 以上的个股仍有 40 余只。不过值得注意的是，两市跌停板仅有 1 只。这说明恐慌情绪已经得到遏制。

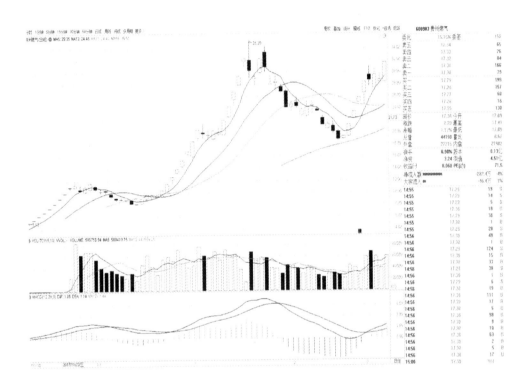

图 7 – 3

再以万兴科技举例，如图 7 – 4 所示。

2017 年春节后的第三个交易日，市场突然发现已经没有跌停板个股了，这就意味着市场情绪在转暖，反弹行情一触即发。而万兴科技无疑是该轮行情最耀眼的明珠。

以上是妖股产生的大盘环境，这是至为重要的，也是龙头股和妖股能够生长的温暖环境。2015 年股灾时候的产生的大妖股特力 A，同样也是起估于一轮行情的暴跌的末期，如果每天仍有十几只个股跌停，市场情绪沉浸在冰点，大牛股是很难产生的。

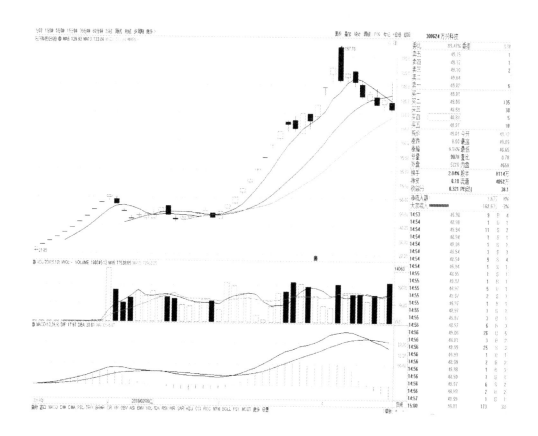

图 7 – 4

大的"友好"市场环境再加上新颖且上涨空间，大的题材就成就了龙头股。必须有新的题材，也就是牛股必须要有上涨的由头。我们知道，特力 A 当时炒作的是国企改革，贵州燃气炒作的是天然气荒，而万兴科技炒作的是独角兽。在当时的市场环境下，作为次新股，西部开发和天然气涨价使贵州燃气集万千宠爱于一身，也就成为市场游资最先狙击的龙头目标。

因此，对于龙头的识别，等待和耐心是极为重要的。一年中大题材的牛股基本上难以超过 10 个，好猎手都有耐心等待，当重大机会来临的时候才会一击必中。

孙子兵法曰：善攻者动于九天之上，若积水于千仞之溪者，形也。市场游资主力代表了市场中最聪明、最敏捷的资金，然而他们敢于炒作龙头绝不是凭借资金实力任意而为，春江水暖鸭先知，市场游资总是最快的顺应市场趋势，善用市场情绪，在关键时刻点火龙头股，带动市场环境从春寒料峭转到红火年代。

股市确实没有哪一种打板模式可以穿越牛熊市，每种模式都只能对应不同阶段的市场。比如，牛市或者说赚钱效应很好的阶段，这个阶段大部分人都能赚钱，个个都觉得自己是股神，操作上表现更多的是追涨，会无视利空和风险，资金源源不断进场，个股也不断创新高。这个阶段应用最多的手法是追涨打板，目标股是当前热点股，接力资金此起彼伏。这个时候如果采用低吸手法的话，就会发现好目标根本不给低吸的机会。

相反，到了熊市或者说亏钱效应弥漫的时候，大部分人都是亏损的，亏到怀疑人生，亏到如惊弓之鸟。这个时候市场的表现是下跌再下跌，甚至暴跌，成交惨淡，有点风吹草动股价就暴跌，根本没有大资金敢进场。偶尔有个热点出现，一旦第二天没有资金愿意接力，股价分分钟就跳水了。这种场面成为弱市的常态。在这种阶段的市场，采用追涨和打板，大概率会亏到怀疑人生。这个时候采用低吸超跌股的手法却可以有胜率。

熊市专杀各种不服的技术型股民，再强势的牛股也会被跌得惨不忍睹。经过连续几天的暴力杀跌，就会出现一两天的小反抽。低吸手法就是抓住超跌之后的小反抽盈利机会。别小看这个小反抽行情，一次持续一两天的小反抽行情中只要抓到一个补涨龙头就可以吃到 5～10 个点的利润，还是比较可观的。

整体来说，牛市多用追涨或打板，熊市则多用低吸。龙头到底是机构做上去的，还是游资相互接力的结果？我们从形态分析学上很难得知有什么标准模式。按一股票下跌后的模式进行分析，一般个股构成双底以后，虽然比较安全，但并不意味着一定会涨幅巨大。只有抓住情绪冰点后的龙头股，才能获得满意的收益。

在科创板的热点产生时候，市北高新、鲁迅创投的科创概念股形态都并不能够得出肯定会暴涨的结论，因为大事件驱动产生了热点，才形成了龙头效应！所以按图索骥不可能找到龙头，只有精通热点事件驱动法，把大盘趋势、板块动向、个股形态、情绪周期综合考虑，才比较容易找到龙头。这就是笔者所说的寻龙诀四位一体的打板战法的精髓！

一个事件驱动的热点产生，一天市场中会同时出现数个涨停板，究竟哪一个涨停板的个股能够连续涨停板，成为所谓有三必有五，有五必有七，最后飞驰上天，成为十几个甚至二十几个涨停板的龙头？在首板和二三板时尚且是未知数，有时第四个涨停板，都未必能看得出来。这就是我们所说的首板安全系数较高，只能作为低吸考量。二板之后，就比较容易根据机构收集筹码和分时图形判断。市场游资其实在狙击涨停板的过程中非常清楚，并没有什么标准规定谁是龙头，而是通过不断的试错，让市场自然选出大众情人的龙头。

按照龙头战法，打板客只参与市场最强、最先涨停的个股，用概率思维看，肯定没法绝对确定哪只涨停股会成为龙头。换句话说，只能假设一只强势股票成为龙头的概率可能大于50%以上，对打板客们来说，这是一个不断试错的过程。尽可能减少试错次数、买错了小亏、买对大赚是打板客追求的最大目标。对于打板客来讲，在打板首板和二三板过程中，不可避免地要付出试错的价格和成本。没有试错就难以抓到龙头股。但如果试错中间失败过多，会造成交易上的心理挫折，打板客可能怀疑自己的交易模式是否正确？因此，要成为一个合格的打板客，首先不能幻想无脑打板可以抓到龙头，即使有些新人打板客买到龙头，也是瞎猫撞上死老鼠。只有经过一系列的严格训练，提高驱动龙头产生的基本面的事件和热点的熟悉程度，对上市公司有更深入了解，对最先强势涨停的个股的技术形态了如指掌，才有可能在大概率上捕捉到龙头。

我们经常看到有很多刚刚开始学习打板的新手，对于一只上涨的股票，连做什么行业都不知道，就开始去狙击涨停板。这种无脑打板客，会在很短的时间亏完本金。

贵大胆摸摸自己脑袋："老师，我就是无脑打板，7个月把100万元亏成只剩下4万元了。"

铁老师："打板和军事学有很多相似之处，如大盘趋势的研判就好像打仗，指挥员要懂得战略，不仅要理解战略，还要懂得战役该怎么打？战役在打板战法上就是板块动向，技术形态就是战术。也就是说，技术形态在打板客的认知层次上只是相当低的一个层次。

一个军事战役的成功，需要战略布局，战役运筹准备，战术妙用和高昂的士气共同配合，缺一不可。打板也是这样，无脑大胆的新人打板客，除非你能够很好地借鉴某个打板圈内高手，借助他人对宝贵信息的挖掘，了解事件驱动的热点，大盘处于安全范围，才可以抛开大局，只专注技术层面。所以，我们看到有一些人声称自己已经悟到打板精髓，其实很大程度上是运气的成分。刚好在那么一段时间内，大盘止跌了，市场氛围比较适合打板，这时候，你随便抓住一个涨停板，或无意中上了龙头。并不是因为你的技术高，而是沾了运气的光。

当然，我们不会说学了寻龙诀打板战法，就一定能够时刻抓到龙头。因为在千千万万个个股中，龙头在一个周期中只产生一个，特别是当散户真正发觉真龙也就是龙一时，龙头已经高高在上至少有四五个以上的涨停板了。这时候，新人打板客易产生恐高情绪，胆量决定了你是否能上龙头的战车。并不是交易年数越久，跟成功比例越高，无脑打板客，最终的失败率从概率上讲，绝对高于非常努力学习的打板客。所谓高手说的慢即是快，就是这个道理。

下面我们来看一则高度浓缩的涨停板口诀：

一板虽说看不起，环境不好还靠你。

二板转强要注意，早盘盯牢别忘记。

三缩四爆非主流，涨停不烂不是牛。

四板烂掉也算强，次日高开无脑拾。

五板封住定龙头，从此市场有看头。

龙头现身高潮起，接力秒板往里挤。

板块爆炸买跟风，去弱留强舍得扔。

持有龙头我不怕，任你打开多少下。

高位跟风一字板，最好不要惹上它。

龙头反转往上蹿，先上仓位把钱赚。

尾盘炸板有风险，其中最强还可捡。

亏钱扩散要警惕，从此高位不接力。

早盘弱势很被动，此时打板心会痛。

坑完板客坑低吸，空仓应对无人及。

逆市连板要留意，也许会出新周期。

股市操作有规律，此乃轮回要警记！

这段口诀总结得很有特点，大家可以细细去体会其中的含义。

思考题

（1）龙头战法和寻龙诀打板战法有什么区别？

（2）为什么龙头的标杆高度对市场意义巨大？

（3）回忆一下你平时试错龙头的交易过程有什么值得修正和总结之处？

第八章　打板客的交易计划和复盘工作

第一节　制订交易计划

首先，不管交易计划是否契合实际交易情况，有计划比无准备的随机交易都有优势。虽然计划经常更不实际，但是没有做好周详计划，就在盘中盲目进行操作，犹如无头苍蝇。新人打板客切不可养成随机交易的恶习！这就和武侠文学大师金庸笔下的习武学徒，不可能连武术的基本功都没学会，就用吸星大法必然走火入魔是一回事。

打板客在制订交易计划时主要思考以下三个关键点：

第一，当前大盘处于什么趋势？场内交投是否活跃？短期内是否有系统性风险的可能？今天是不是安全的、合适的进场时机？

第二，当前市场的主线是什么？消息面上有没有新的热点事件和新概念出来？

第三，你手中的股票在领涨板块中处于什么地位？这笔交易是正确的还是错误的？今天是准备继续持有还是卖出？这些理由能不能说服自己？能否做到操作后绝不动摇、不后悔？

盯盘及执行交易注意事项：

大盘指数的好坏，直接影响到场内交易者的交投情绪，是所有股票的一个整体反应。有些新人打板客认为，既然打板就可以轻大盘重个股，这是不可取和不理智的，甚至是非常错误危险的。无论大盘是好是坏，市场主力和游资都永远会以大盘趋势为基准布置交易计划，有时候是做顺势环境的惯性获利，有时候是利用逆势环境做情绪套利。

对比所有主题概念的强弱程度，以此判断当日资金的主攻方向，及时跟随盘面，能够安全回避掉一切鱼尾行情。例如，2018 年末，5G 板块已经明显出现有点上攻乏力姿态，筹码已经开始有所松动，与此同时，部分短线资金已经开始切换到其他主题上，观察各大板块力度，伺机而动，这就是游资的敏锐视角转换。

预判隔日走势，上涨或者下跌是什么理由造成的？当日是否继续攻击还是选择防守，隔日是否能安全撤退，对主题概念的想象力以及对龙头空间高度做出提前预判。

看盘过程中，进而观察领涨板块，观察板块最重要的意义在于分析该题材概念的持续性和想象空间。

打板客应该自建一个板块或自选池，命名属于哪个主题，把所有当天该概念的涨停个股加入观察，龙头股在前，跟风票在后。观察涨停板家数与跌停板家数的数量对比如何，昨日连板以及昨日涨停个股整体走势如何。

观察市场资金转换，先在证券软件输入 83，调出快速涨幅榜，再切换到涨速上，看黄金交易时段上涨最快的股票都是哪些？属于什么题材概念？这些提示在同花顺软件的上方栏目和通达信软件下方栏目都有，打板客要善于应用。

市场资金一旦开始攻击某只个股，那么必然会在快速涨幅榜上率先表现出来，此时投资者应将那些涨得快速、猛烈的个股加入自选池，也可以运用同花顺的板块分类查看是什么题材。以此判断当日资金是延续老主题的攻击，还是已经开始切换新主题方向，随时保持紧跟盘面，随风而动。

以此判断当日场内赚钱效应与亏钱效应的变动转化，从而指导实际操作。

赚钱效应爆棚的市场，只需大胆加足仓位，顺势而为，即可轻松获利出局！

无任何赚钱效应的市场，涨停板都已经寥寥无几，打板客应该非常清晰知道机会与风险的回报比，自然而然会去收缩防线，自动控制仓位。

观察前排龙头或高度标杆的开盘集合竞价情况，继续强势还是弱势？那些跟风股票又是如何表现的？预判当日该题材是否有延续的可能，假如板块即将面临调整或已经走弱，率先反应的必然是该主题的领涨龙头，一旦风险信号出现，交易者应该准备随时进行主题目标的新老龙头切换。

敏锐的资金总是容易先人一步，把握一些重要资讯，提前埋伏。确实有些消息普通散户是获取不了的，但要提醒一下，关注盘中实时的信息播报是很有必要的，现在网络已经非常发达，只要大事件主题消息一经发布，很多财经网站或APP都会第一时间跟着出来，同花顺软件在这方面做得相当不错，有实时播报功能。作为职业打板客，有条件时可以适当在硬件和软件上投资，例如购买同花顺Level 2软件，可以看10位的买卖挂单。另外，增加电脑屏幕数量监视市场任何蛛丝马迹，看盘界面的调整与设置。

在这里介绍一个某游资曾经使用过的看盘界面设置，使用六屏监控，如图8 - 1 所示。

图 8 - 1

界面 1：短线精灵。

界面 2：大盘指数。

界面 3：最近的热点板块。

界面 4：整个 A 股涨幅榜和涨速榜两个指标。

界面 5：自选股。

界面 6：随时查看自己要看的个股的分时图、K 线图。基本上这些囊括了我们短线重点关注的点了。

操盘手使用 6 个屏幕监控市场和个股，保持对消息面的敏锐嗅觉，第一时间对最新最大的热点和市场突发利空做出反应，是每一个打板客的必修课。

然而，并不是对炒股的软硬件投资越多，打板就越成功，打板客只有先投资你的大脑才是最关键的。有时处理过多的信息量对打板客的大脑反而是一种伤害。这点我们可以借鉴富兰克林公式解决过多决策项的抉择困惑。本杰明·富兰克林是美国开国元老，他在回答如何处理太多决策信息时总结了一个特殊方式，把一张纸画出左右两个部分，左边写决策的优点，右边写决策的缺点。然后逐一对比优缺点相互抵消，最后保留下来最多优点、最少缺点的决策项就是最佳选择。打板客每日也可以按照这个思路对交易计划和复盘工作的信息进行筛选，最终保留你最需要的关键信息。

第二节　打板客最需要关注的黄金交易时间：上午的集合竞价和开盘一小时

每天的集合竞价时间段在 9：15 ~ 9：30，但对于选股来说，时间节点就在 9：25 ~ 9：30。集合竞价比的就是一瞬间的机会，一定要快、准、狠，而其中重点参考的就是量、价两点因素。量价配合——量在价先，价为趋势，量才是最重要的变量。这里要关注量比和集合竞价的竞价图。

下面以集合竞价选股为例，示范筛选步骤：

一、建立自选股票池

（1）在早盘 9：25 集合竞价数据完成后，打开沪深 A 股总榜（回车），在找到量比项，左键点击量比，使个股的量比大小按照降序排列。

（2）排好顺序后，选择量比排行前 30~40 的标的，新建自定义板块，并点击确定，加入该板块，初步的集合竞价股票池就形成了。

（3）初步筛选——选定股票池后，将 ST 股剔除（退市风险垃圾股不碰），涨幅 5% 以上的剔除，量比小于 2 的剔除。然对剩余个股中流通市值大于百亿元的自选股进行剔除，最后个股数量会减少到 10 只附近。

（4）精选——将短期股价已经处在相对高位、量能突然成倍放大、主力有出货迹象的个股剔除。在剩余自选股中观察趋势，突破重要阻力位为首选，叠加热点题材的标的为首选。

（5）筛选完成后，基本会锁定到一两只个股身上，这时可以按盘感进行提前挂单。

提示：打板客每日能打到涨停板固然好，但集合竞价标的属于完全激进的手法，一定要注意防范高风险。仓位不要超过三成，设置止损点 6%，或前日最低价附近，避免万一失误亏损过大。

技术面的量价配合——量在价先，价为趋势，量才是关键变量。所以集合竞价的量价，我们还是以量能为主导的。而对于集合竞价的量来说，并没有像盘中的量那么明显。很大的程度上，只是反映资金在盘前对于个股的追捧热度，这里可以关注量比和竞价图。

二、集合竞价阶段的挂单注意事项

集合竞价是以最大成交量为原则去撮合价格，从 9：15 可以看到竞价价格，到 9：25 成交的才是开盘价，9：20 前可以撤单，所以有很多都是虚假挂单。所以可能看到涨停一下跳到低开几个点，这就是撤假托单后恢复真实竞价的缘故，

9：20后基本就是真实的挂单了。

（1）看集合竞价阶段的卖二和买二，如果买二有比较大托单，一般开盘会冲高；如果买二有大压单，一般开盘会杀跌。比如这样买二出现较大托单，一般会冲高，量越大越确定。

（2）在9：20~9：25，竞价一路向上的，说明有抢筹现象，开盘后可以慢点出，尤其拿到强势龙头的。当然，看好抢筹的话要打高些价格。反之，不急于追涨就挂低些。

参考开盘前竞价如图8-2所示。

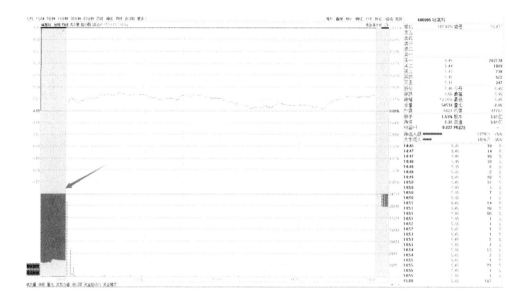

图8-2

集合竞价阶段严重超预期的判断，这里分两种：一种超预期高开，一种超预期低开。例如，一个烂板的跟风股，平时都是低开，这次却平开高开了，那么这只股票可能是被看好，超出预期有冲高的可能。如果一个涨停板的强势股，次日无故低开，低于市场预期，那可能开盘后出现集体砸盘。

估计涨停首板的个股参与的游资手上有多少筹码？这些打板或者提前埋伏的一些私募资金会不会利用集合竞价虚假挂单，然后开盘以后反手卖出？还有就是判断这只股票是不是几个长线机构的波段操作锁仓股？有没有大股东减持和潜在的一些利空，例如退市停牌？打板客都要一一加以判断。

　　判断个股是不是一个板块当中的龙头股，是不是整个板块都在涨？包括这个板块题材的大小，然后判断大盘是不是在高位，会不会掉头大幅回落？计划买入的股票是不是选择在大盘弱转强时才买？个股的人气，包括股票的股性，甚至连股吧散户关注度是否很高都要做周密判断。

　　一个股票涨停板，第二天能不能够再次拉出涨停板，这和首板的强弱有很大的关系。牛股启动首板最好的形态是先挖坑，然后一字涨停启动。这种股票表明有主力资金提前建完仓，经过挖坑的洗盘过程，在潜在重大利好消息的前提下，出现主力发动的行情，基本上都会连续拉几个涨停板。这样，打板客就可以估计自己胜率高于60%以上。

　　然而股票一字形涨停板不能过多，最好是一个一字涨停板，第二天最好的是跳空高开3~7个点开盘。还有些股票第二天还是直接开盘一字，但盘中会打开一个小口子，很快又被机构封死。这时，就考验打板客的临场判断能力，由于时间短促，需要依靠敏锐的直觉判断是否抢强势回封的筹码。

　　在集合竞价的时候，首先要判断出当天主力攻击的板块，然后在判断攻击的个股，这是一组综合数据。

　　9：25以后，根据量比流通市值换手涨幅选择出来以后，再根据是不是市场认可的股票，选最早可能封板的股票买入，次日溢价的概率一般相当高。笔者的习惯是对看好的股票，也在开盘后多盯盘15分钟，谋定而动。集合竞价挂单打板的方式用得比较少，这主要和个人交易习惯，交易模式不同具体而定。

　　集合竞价选择一个题材概念板块，最基本在9：20后要出现3个涨停板相关股票，二板只打最早涨停的那一个。流通盘超过200亿元的大盘股不买，跟风杂毛股不买，成交量太小不买，换手率太小不买。

　　有好的接力板就做接力板，没有好的就做其他股票。最主要的是合理控制回撤。没有70%以上胜率的股票，基本上不要去打板。是因为在集合竞价阶段买错不仅赔钱的，而且还影响到打板客一天的交易心态。

第三节　打板客的复盘工作

下面我们学习一个打板客朋友圈分享的复盘工作，笔者认为这个复盘可以归结为一个比较经典的流程。

2018年8月29日复盘。

一、回顾市场

（1）大盘氛围：涨停29只较昨日35只减少6只，连板减少2只，市场高度再次被压缩在2板，成交量继续萎缩1000亿元附近。开板率53%。

（2）大盘盘面回顾：盯盘秘诀：竞价决定早盘进攻，早盘决定日内主流，下午决定回流题材，而尾盘半小时决定次日预期。

早盘竞价：

龙头山东矿业集合竞价6万手，+0.66%开盘，相比昨天121万手成交量，买盘不够强大。开盘半个小时换手8%，股价+0.22%，多空分歧严重。

次新股：

中电电机：集合竞价−1.32%，5600手，开盘表现较为弱势。

剑桥科技：集合竞价8000手，+4.42%，高于预期。

吴通控股：集合5万手，0%，低于预期。

百利科技：集合2000手，+6.62%，高于预期。

光启技术：集合2600手，+1.28%，正常预期。

科林电气：集合21000手，涨停开盘，成交量非常大。

上午盘面：

山东矿业弱势震荡，中电电机股价出现明显踩踏，资金跑路意愿较强。剑桥科技，资金顽抗，10：00被中电电机拖累一把，不过下方支撑较强，拉升成交量不足，资金追高意愿不是很强，上板被砸的应该主要就是前两天独大的买一买二。吴通控股：一上午都在弱势震荡，不过没有跌破3.9的支撑位。百利科技，早上那一波涨停，我认为是主力自己买的，买了以后其实根本就没什么抛单出来，主力还想吃筹码，但没抛单，所以故意不封，就是想让抛单自己出来。前两天也一样，瞬间拉升，但又故意不封板，等尾盘再一笔全吃掉。光启技术封板力度较强。

下午盘面：地热受消息刺激拉升，不过力度不强。雄安新区出现上攻，力度有限。

二、寻找龙头和精神领袖

(一) 板块效应情况

主流概念：无。

老题材——雄安板块：

龙头：科林电气（603050），光启技术（002625）。

跟风：中环装备（300140），汉钟精机（002158）。

一带一路新疆板块：

龙头：德新交运（603032）。

跟风：西部牧业（300106），雪峰科技（603227）。

连板个股：

二板：科林电气，光启技术。

三、总结操作

今日操作：无。大局观——市场处于观察阶段，大盘目前回踩，市场热点稀缺，雄安号召力明显不强。今天没有主流题材，成交量大幅萎缩，市场可能在等待新的热点。

情绪周期：目前处于第一阶段冰点段。

题材周期：德新交运这一周期的末期。

次新股板块：回踩双底阶段，一旦市场反弹，可能会出现新的龙头关注密尔克卫和科沃斯。

连板高度：二板——光启技术和科林电气。

揣摩市场情绪周期，在主升阶段激进接力人气龙头，在情绪修复阶段保守试错，在退潮阶段空仓防守。

做复盘工作要进行沙盘推演。

目的是防止交易计划中的漏洞和风险。让自己的心理模式处在交易的正常状态中，远离意淫。包括内容主要是自己平时在交易中经常犯的错误。进行了这样的推演后，让自己能接受各种盘面变化，从而保持内心的平静，更好地执行交易计划。

在这里做一个演练。

情景一：如果雄安板块出现跌幅超过5%的股票，就应该暂缓进场，如果板块中前一日涨停的股票有一半以上出现绿盘，就要放弃进场。

情景二：如果调整之后，盘中出现新的板块集体上攻，并且大盘整体涨跌比达到持平状态，可以进攻龙头股。

情景三：如果在盘中在出现板块效应，就可以做活跃股的涨停板。

情景四：想象自己，准备随时放弃交易计划，随时执行计划，关键在于计划中的条件是否出现。如果次新股和雄安板块没有触发进场条件，说明市场持续性非常弱，剩下的灵活仓位要下降到一成。如果因为注意力或手速没有跟上龙头，则放弃建仓。

情景五：不能因为盘面的变化，冲动性放大仓位。想象自己多少次因为仓位的问题而大幅回撤。当然如果出现交易计划中的条件，也要心中没有恐惧和挂碍地执行。想象自己多少次因为恐惧而导致错失良机。

总结：这个演练包含了容易犯错的环节提醒自己注意，这个地方越详细越好，比如你胡乱放大仓位，一定要有具体的细节，上次这个错误给自己带来了怎么样的结果，是如何犯的？该如何纠正？

这个复盘计划其中很多细节值得新人打板客学习，如果新人打板客每天认真做一个这样复盘计划，持之以恒，相信一年后打板技巧会飞速提高。

思考题

（1）在遇到实际交易中计划跟不上变化时，你如何应对？

（2）你有什么更好的盯盘技巧？

（3）复盘工作能否简化和更加行之有效？

第九章　数学几何分形和分时图谱

第一节　几何分形

　　1975 年，曼德尔布雷特最早提出分形一词，21 世纪，数学界对分形理论的应用热情大增，我们研究几何分形，主要希望在股票技术分析上应用分形有关知识。

　　分形看似是一种粗糙和破碎的几何图形，这些图形一眼看去似乎毫无规则。但数学家经过研究发现，分形的几何图形特点是它的微趋势是微小的部分，可以无限地细分，而且局部形状都很神奇，一般都跟整体相似，分形术语称作自相似。也就是说，数学家从几何分形的不规形的碎片中，找到了细节的规律。

　　很多自然现象中的分形图形，例如谢宾斯基三角形、柯曲雪花、沙丘、湖水的涟漪、岩石的脉络、云彩、水的湍流等，这些自然现象都可以用几何分形加以描述。

　　几何分形的数学研究是一个相当高深的学问，我们没有必要花过多的时间研究。对于股票图形，已经有人总结出一些的分形结构，这里笔者从专门狙击涨停板的角度，对看涨几何分形做初步的分类和研究。

根据数学家对分形集合定义是：

（1）几何分形有精细的结构，可以在任意小的尺度具有复杂的细节。

（2）分形集合是如此不规则，以至于它的整体和局部都不能利用传统的几何图形来加以描述。

（3）分形集合通常具有某种自相似性，这种自相似性可以是近似的，也可以是统计意义上的。

（4）分形图形在某种意义上，分形维数通常都大于它的拓扑维数。

（5）在多数令人感兴趣的情形下，分形集合以非常简单的方法定义，或以递归的方式产生。

这样看几何分形数学的语言非常复杂，可能没有专门进修高等数学的未必能看得懂，但不要紧，因为运用到股票的技术分析上都是图形，人脑的右脑区域对于图形最擅长理解和应用。所以，我们可以先把左脑的逻辑理解抛在一边，用记忆图形的方式看分形集合在股票图形的分析应用。

先看一个分形集合的例子，这个著名的分形是以波兰数学家瓦斯瓦夫·佛朗西斯科·谢尔宾斯基的名字命名的，它通过一个等边三角形中不停地扣去等边三角形而产生不断地重复该操作，就会得到谢尔宾斯基三角形。如图 9 - 1 所示。

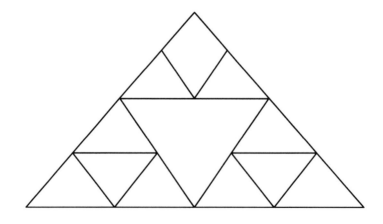

图 9 - 1

从谢尔宾斯基三角形可以看出，每个小三角形和大三角形都有自相似，细节相当复杂。三角形结构计算是几何分形中最规则的集合。

第二节　应用几何分形研究涨停股图谱

股票的走势在早期没有发明美国线和 K 线时，看似杂乱无章，但经过西方技术分析和日本期货专家总结出来的蜡烛图（K 线）后，交易者似乎发现股票走势和趋势有章可循。我们现在脱离传统的 K 线分析，用几何分形研究涨停板的分时图形，看看其中有什么规律可循。

既然分形集合是一个微趋势，而微趋势又和大趋势有自相似的特点，那么股票的走势图形也符合分形集合的特点。我们以中国应急（300527）上涨分时图形和日 K 线的对比为例。

图 9 - 2 是 2019 年 1 月 4 日的分时图，可以看出鼠标十字瞄准线对准的那根 K 线正是中国应急当日从底部出现突破的中阳线，而分时的微趋势和日后逐渐大涨趋势有极其相似之处。

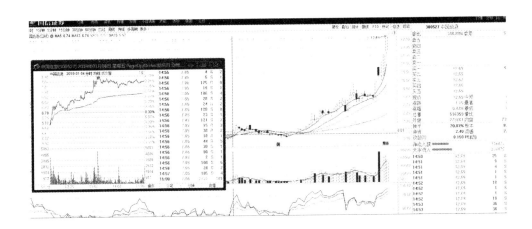

图 9 - 2

对于打板客来说，每日盯盘日复一日就是训练记忆这种几何分形，久而久之，对分时看涨图形一目了然，也就能通过直觉感知强势股的未来上涨空间，迅速在心中计算出打板的赔率。

我们再多看几个实例。

东方通信（600776），跨越 2018 年 11 月到 2019 年 3 月的 A 股，成为宇宙总龙头。

图 9 - 3

东方通信 2018 年 11 月 27 日的分时走势，和 2019 年 1 月 14 日为止的上涨日 K 线相似。

而 2019 年 2 月 11 日结束调整后的第一个涨停板的分时图形，和之后主升浪的日 K 线图相似。如图 9 - 5 所示。

当然，这种股票微趋势和大趋势的自相似不能机械地理解，照葫芦画瓢，毕竟几何分形的变化很复杂。

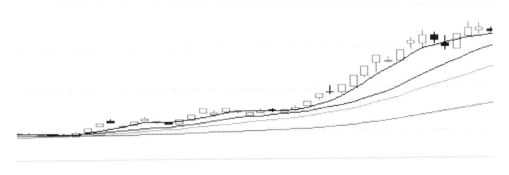

图 9 - 4

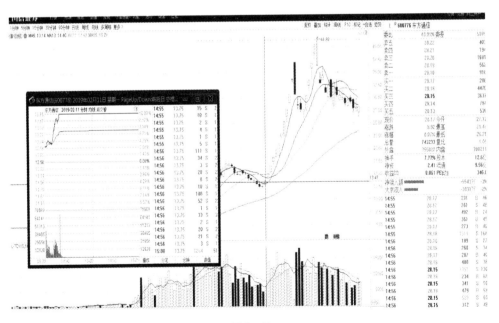

图 9 - 5

我们再看股票分形中对称规则, 如图 9-6 所示。

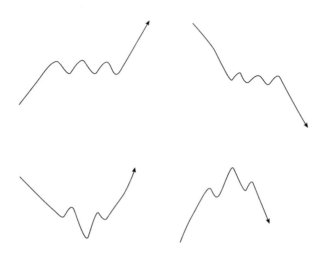

图 9-6

分形看涨 K 线称为上分形, 如图 9-7 所示。

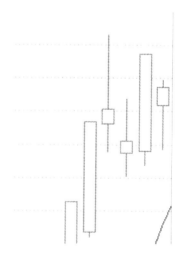

图 9-7

看涨分形的特点是 5 根 K 线，其中有一根创出最高价，而其他 K 线的最低价基本在支撑线一带，这是一种上升突破后的强势盘整形态，从微趋势可以看出大趋势看涨。

分形看跌 K 线称为下分形，如图 9 - 8 所示。

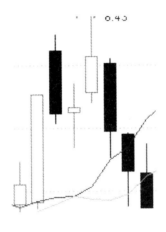

图 9 - 8

从图 9 - 8 中我们可以发现，上升图形倒过来就是下跌图形，具有左右、上下基本对称的特征，这就是分形自相似的对称规则。看跌分形在最高价形成顶部，而第五或第六根 K 线收在五日最低价。

在股票分时图和 K 线中，这种对称现象经常可以观察到，需要打板客花很长时间努力练习看懂并记忆在大脑中，看过几千几万幅看涨看跌图形后，不论是对分时图还是 K 线图都心中有谱，瞄一眼即刻在脑中自动形成一个趋势判断。优秀的直觉或者说神秘的盘感就是每日重复简单刻板的练习，如少林寺的扫地僧每天练习一个包含武功的扫地动作，练上 10 年，功力就变得无比强大。

第三节 涨停板的分时走势

现在超短交易和打板客群体，对个股的分时走势日益重视。下面我们对涨停板的分时图谱做一个归纳。

一、早盘封板例

早盘封板，指9：30～10：50的交易时间。

（一）厂字板一波流

分时出现开盘直线拉升，在十几分钟内涨停，留下形似厂字的分时形态，是最强的一波完成涨停板分时走势。如光正集团（002524）（见图9－9），通光线缆（300265）（见图9－10）。

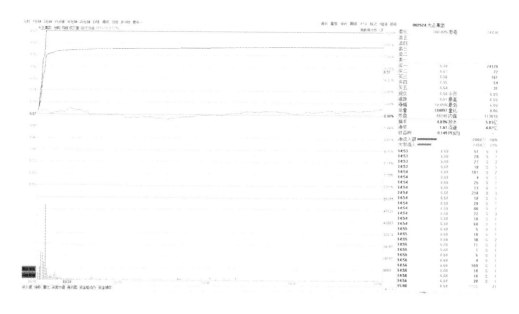

图9－9

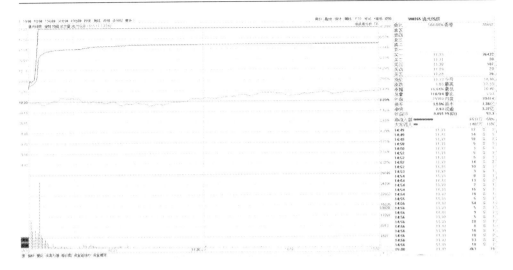

图 9 - 10

（二）N 字板二波流

开盘高开高走，拉升中途分时稍有回撤或盘整，时间短暂，即刻出现二波拉升封板，属于次强型分时封板走势。博士眼镜（300622）走势如图 9 - 11 所示。

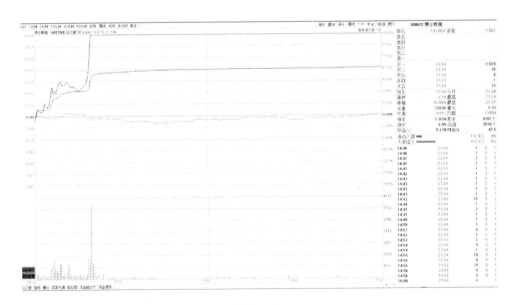

图 9 - 11

二、高开低走双底后，拉升封板

机构根据前日尾盘跟风盘判断，必须利用早盘震荡洗掉一些不坚定的超短投机客，经过两次小幅下跌，机构成功洗出浮筹，果断拉升涨停板。该分时走势也属于连板中强势分形图谱。如中钢天源的走势，如图 9 - 12 所示。

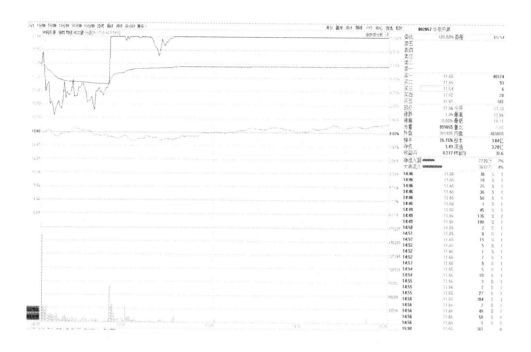

图 9 - 12

三、高开后锯齿形横盘后封板

在高开后，没有立刻封涨停，而以窄幅锯齿形震荡上升，直到接近午盘才封涨停，属于分时涨停板走势中比早盘封涨停的中强走势。海欣食品（002702）的走势如图 9 - 13 所示。

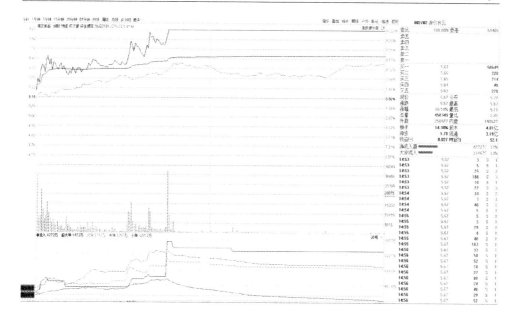

图 9 - 13

四、三波拉升封板

类似红三兵 K 线，分时走势出现三波以上拉升，直至封板，在流通盘大的个股中，这种表示机构从容地边吸筹码，边拉升，属于较强的分时走势。红相股份（300427），如图 9 - 14 所示。

五、中盘封板

指交易时间为 11：00 ~ 14：00。

中盘封板有两种情况：一是主力拉升中发现上档压力较重，采取盘整方式消化获利盘，到午盘见换手率足够后，封涨停板；二是中午时间某个题材有利好出台，机构抢筹码封板。这种情况次日高开的概率较高，如图 9 - 15 所示。

六、尾盘封板

指交易时间为 14：30 ~ 15：00。

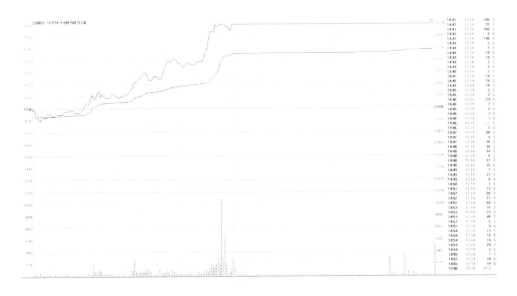

图 9 – 14

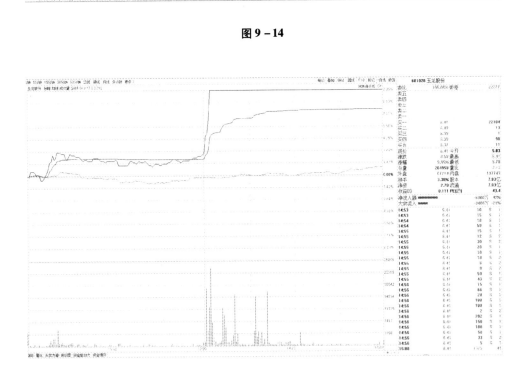

图 9 – 15

尾盘封板的个股，在分时走势属于弱走势，从图 9 - 16 可以看出，当代明诚（600136）上午开盘走高后，午盘有较大的回落，下午一直在黄色均价线附近徘徊，直到尾盘才封板。这样的涨停板连续性封板的概率比较小。

图 9 - 16

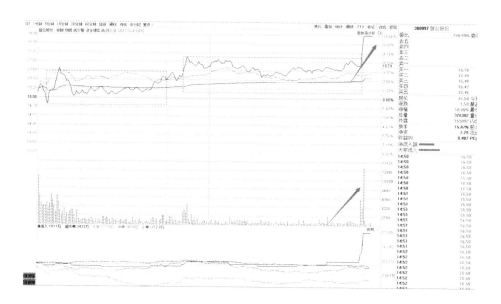

图 9 - 17

但尾盘封板也不是绝对弱势，有时利好消息在快收盘时才被市场所知，这样在尾盘抢筹的封板，次日就很大概率连板。如智云股份（300097）的尾盘放量抢筹分时走势。如图9-17、图9-18所示。

以下是几种分时走势经典。

（1）低开高走的盘中V形反弹，如图9-19所示。

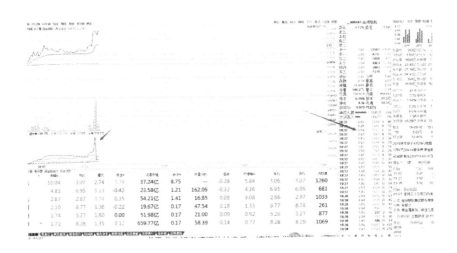

图9-18

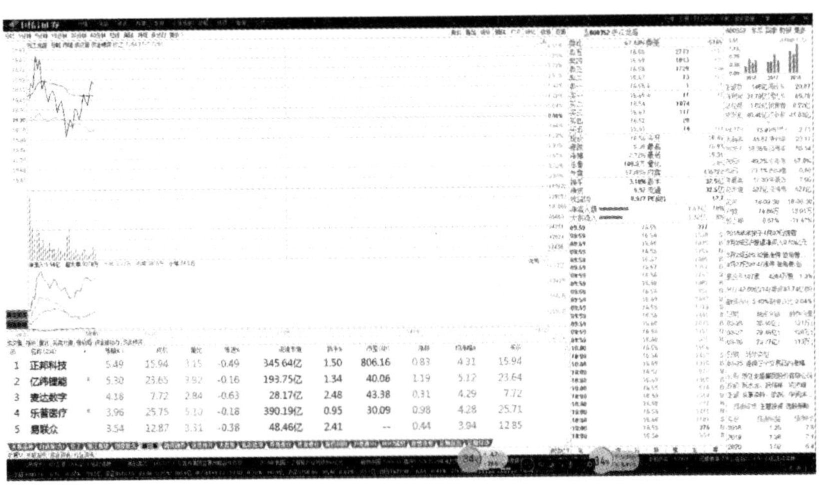

图9-19

（2）横盘窄幅盘整的火箭式拉升，如图 9 – 20、图 9 – 21 所示。

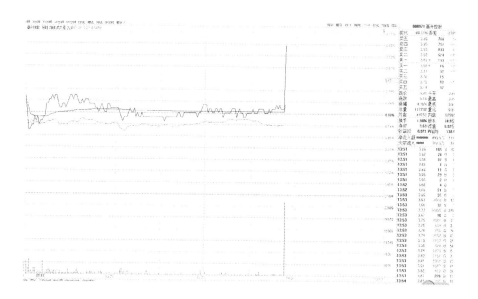

图 9 – 20

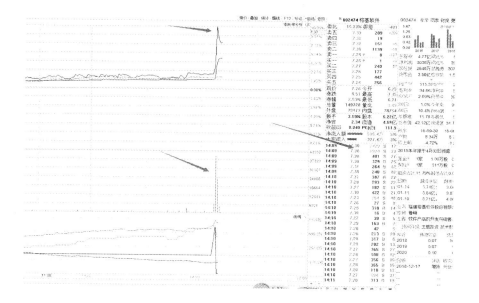

图 9 – 21

（3）分时卖出走势，创投概念复旦复华（600624），在尾盘受利空影响机构砸开涨停板出货，如图 9 - 22 所示。

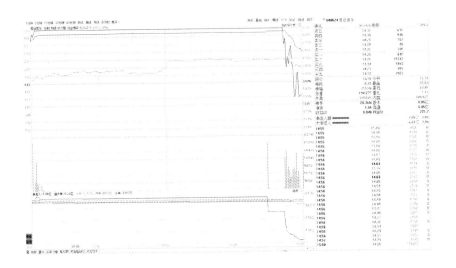

图 9 - 22

海陆重工（002255）午盘机构突然砸盘出货，大幅下跌，如图 9 - 23 所示。

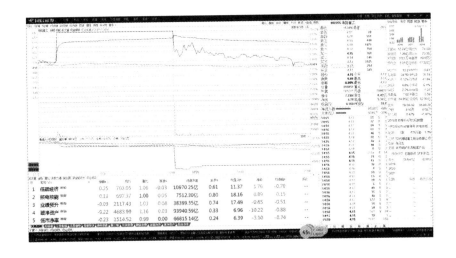

图 9 - 23

分时走势千变万化，有时可以说是个股的分形微趋势，有时也可以是机构操控的短暂欺骗走势，需要长时间地盯盘经验积累，才能培养出灵敏准确的盘感。

思考题

（1）什么是分形集合图形？举一个你认为是分形的例子。

（2）分时走势的强势和弱势的区别。

（3）分时走势和日 K 线的区别在哪里？

第十章 涨停板类型及操作要领

第一节 首板战法

一、看盘要点

狙击第一个涨停板也就是首板，要买就买当日最早封住涨停板前排股票，尽量不买尾盘涨停或者某个板块中的跟风涨停票。若第二天支持不了那么多涨停板，容易追高被套，除非大盘处于刚刚反弹的底部。首板看题材，题材爆发日一定要当天参与打板交易，能狙击到领涨前排的第一第二都行，一般都会隔日溢价。

首板也分平台突破板、转折板、小阳铺垫板，由于市场游资在资金、高智商人才和信息挖掘上占绝对优势，对于市场上的热点和题材了如指掌，新题材爆发的当日，往往迅速联想到未来龙头的诞生，各方游资主力往往心领神会，开始了龙头的第一阶段争夺战。市场上真正身经百战的高手以及机构化运作的游资主力都喜欢做首板，因为做首板显然是机会最多、套利空间最大的交易，而这些散户基本无法做到。当然，如我们在龙头战法中分析过的，在高度监管的法制市场环境下，一个真龙的产生不是什么庄家做盘，而是各方资金试错、确定、竞相接力产生市场合力的结果。

二、打板策略

在争夺处于朦胧阶段的龙头阶段，市场游资会采用以下几个打板变量用于观测交易策略：

（1）市场整体赚钱效应如何？

（2）热点事件的空间是否有助攻资金出现，规模如何？

（3）标的的流通盘是否属于中小盘？

（4）二板是否有换手？

（5）分时集合竞价强度如何？

（一）狙击首板（转折板）的要点

打板客必须事先在止跌后形成底部缩量调整的股票中寻找低价股，不超过7只，并列入自选池。在早盘集合竞价时根据9：30后排板接近7%涨幅以上最前排股票，迅速瞄准有待狙击的强势股，将证券软件中指示竞价图调出。随时观察机构对该股早盘预备开盘的狙击态势。如果出现大量的红柱表明买气非常旺盛，有望高开高走，如图10－1所示。

实例解析：斯太尔（000760）。

斯太尔是2018年7月的领涨龙头，我们看这只股票的首板非常符合经典看涨图形，也就是国际著名投资家欧奈尔所说的小勺图形。从下跌浪止跌后形成两周左右横盘，这个形态构成了小勺的柄，最后一跌形成一个小圆底，首板恰好构成圆弧的右翼，谓之勺形。这种已经跌无可跌的底部形态，使机构拉升的第一个涨停板如点火，迅速激发连续涨停的动力，如图10－2所示。

打板客如果在2018年7月17日9：25~9：45这段时间狙击到斯太尔的首板，接下来斯太尔共连续涨了7个涨停板。假设打板客持仓不动，也就意味着在七天赚了70%，这就是狙击首板带给打板客的风险盈亏比。尽管我们都知道，不是每只股票的首板都能出现之后的连板，毕竟在狙击首板时，打板客无法猜出

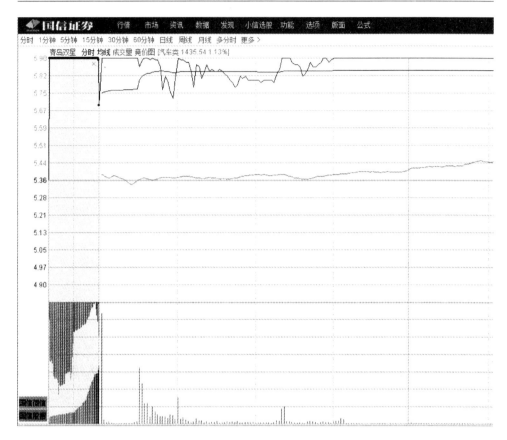

图 10 - 1

这只股票能否成为龙头，包括市场游资也做不到这点。但学精我们课程中的寻龙诀打板战法，就不会无脑打板，而是有目标有选择地狙击强势股的首板。这样，不仅保证了次日的溢价，也有更大的概率命中龙头股，即使打板客开始只是用小资金试错方式寻找龙头。

仓位管理：因为首板存在是否次日高开的不确定性较高，狙击首板有反复试错的因素，建议普通打板客的仓位控制在十分之一到六分之一之间。只有对自己解读该股胜率和赔率都超过我们前面课程中绝对安全盈亏比的打板客，才下重仓一搏。

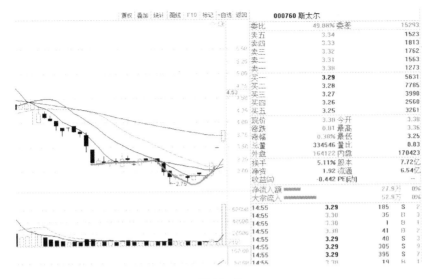

图 10 - 2

（二）狙击平台突破板

当一只质地良好的个股反弹一段时间后出现横盘震荡，如果有主力看好该股就会在箱体盘整尾声采取点火式拉升，出现首个涨停板。这就是一个股票即将结束盘整出现上升的关键点位，必须果断出击，如图 10 - 3 所示。

图 10 - 3

实例解析：福安药业（300194）。

福安药业是重庆一家生产抗生素药品的公司，在 2019 年股市反弹的春季，起初的走势不温不火，没什么精彩的表现。这和药业板块整体业绩一般，在熊市属于防御品种有关。但是 3 月 29 日，该股突然开盘后不久就涨停，4 月 1 日发布公告和美国的公司签订合作意向协议，利用各自优势，种植工业大麻和成分提取以及深加工等。工业大麻概念是当时最热门的题材，而福安药业直接和美国这些率先批准工业大麻在药品添加中的国家的医药公司合作，比起那些蹭热点的上市公司更加靠谱（参见顺灏股份的工业大麻药用成分分析）。此消息一出，福安药业连拉四个涨停板，成为工业大麻股的后起之秀。打板客如果在每天复盘注意到该股的形态作为备选低吸股列入自选池，早盘通过集合竞价发现异动，立刻狙击，次日就会产生利润安全垫（注：利润安全垫等于打板后次日大幅溢价，可以安全卖出获利的条件），这是在牛市狙击首板带来的红利和高收益相对低的风险。因为牛市的容错率高，能涨停的强势股一旦突破关键点位，都不会轻易在首板止步，拉升只是时间问题。

第二节　狙击二板

一、缩量跳空一字板

（一）看盘要点

当利空出尽，首板完成从弱到强的转换，次日集合竞价以涨停板开盘，主力不愿和他人分享筹码，在市场资金一致看好该股的重大利好事件时，当日没有任何回调，封板到收盘涨停板的形态就留下一字形的 K 线形态，形成首个跳空缺口。

对于这样的一字板，拼的是眼力和判断力，因为早盘在集合竞价时直接封板，只有事先做好大量复盘工作，对上市公司基本情况和主力建仓筹码有相当清晰了解的打板客才敢于在集合竞价挂单买入和能够买到。有些经验丰富的打板客，甚至在前一天晚上券商可允许挂单的时间提前挂单埋伏。因为一字板成交量稀少，按照缺口理论向上跳空高开，会出现三次跳空缺口，所以在首个一字板出现时介入是最佳安全时机。

（二）打板策略

打板客狙击缩量一字板，选时特别要注意，如果自身的功力不够，盲目参与在集合竞价竞猜二板的一字板，有可能判断失误，正中某些主力拉高出货的下怀，这样就有可能在当日亏损 15% ~ 20%。

比较稳健的交易策略是在出现首板后的第 2 天上午 9：25 开盘前，观察早盘集合竞价封板排队的成交量很大的情况下，根据该股基本面有重大利好刚刚公布，在胜率超过 60%、赔率超过 30% 时采取集合竞价挂单排板的方式。

（三）仓位管理

1/4 的仓位（注：仓位管理的资金量不同，分仓也不同，这里全部以 30 万元资金的打板客为例。下略）如图 10 - 4 所示。

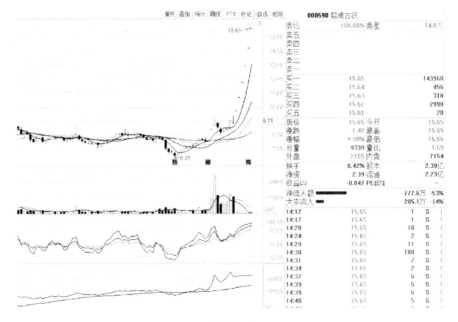

图 10 - 4

实例解析：启迪古汉（000590）。

启迪古汉在2019年3月8日终止原来资产收购计划，间接控股第一大股东启迪科技发布公告，和雄安新区管委会、雄安集团、清华大学下属清华控股在2019年3月20日签署框架协议，同意上述五方并列为第一大股东。此为重大利好，因此开盘一字板涨停，并且六个一字板加速上升。这个公告的意思是事实上启迪古汉已经成为雄安集团、雄安新区管委会控股的上市公司了。之前雄安新区没有一家上市公司，而现在启迪古汉已经成为雄安新区首家上市公司！

雄安新区首家上市公司，在某种意义等同于当年在深圳最早上市的深发展。

中国的国情注定了重大政策的延续性，雄安新区是党中央定位的千年大计，在如今举国建设雄安的情况下，启迪古汉被机构高度看好未来成为大牛股的巨大空间，加上清华大学的中国大学第一招牌，所以市场蜂拥在集合竞价追涨停板。

二、放量上涨实体二板

（一）看盘要点

二板也分缩量跳空高开的一字板和放量实体换手板，实体换手板对于非资深高级打板客来说，在狙击难度上小于缩量一字板。因为盘中有更多的时间消化题材信息，观察主力是在继续吸筹还是逢高派发，这时综合考量的是打板客平日的训练。如果打板客在盯盘能够看出分时图是主力正在继续吸筹加仓还是散户蜂拥而入地追涨，对该股持续上涨的内在逻辑判断准确，则打板的自信心比狙击一字板更加牢固。

（二）打板策略

当一只股票首板分时走势流畅，被列入打板客二板狙击标的时，次日早盘开盘先看是高开低走还是低开高走，这里的分时图有很多细微的变化，但简化分类是，当出现上涨分形经典图形，这时必须眼明手快地大胆打板，如图10-5所示。

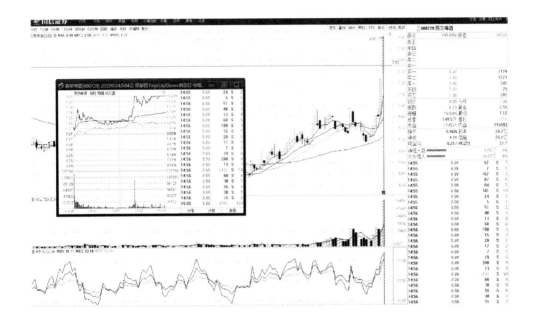

图 10 – 5

实例解析：燕京啤酒（000729）。

燕京啤酒在首板强劲涨停后，二板放出很大的成交量，说明狙击首板的主力中有些已经兑现利润出场，而另外有新主力入场，这就和钱钟书的名言"围墙内的人想出去，围墙外的人想进来"一样。

打板客在盯盘中发现，该股早盘高开低走，分时图出现黄线逐渐低于白线（参见上小分时图），这里白线表明分时的均价线，黄线是即时的成交价。当价格走低后并没有离均价线过远，很快又有大的买单将价格抬升，白线穿越黄线是出现分时走势的关键点突破，这时可以大胆地追逐涨停板。参见龙虎榜解读4月3日成交量，如表 10 – 1 所示。

表 10 – 1

燕京啤酒（000729）龙虎榜 表 10 – 1

上榜原因：涨幅偏离值达7%的证券		报告日期：2019 – 04 – 04	
成交金额：114678.35万元		总成交量：14947.15万股（占总股本：5.3% 占流通A股5.96%）	
营业部名称	买入金额（万元）	卖出金额（万元）	净买入/卖出金额（万元）
异动期内买入金额最大的前五名			
机构专用	8291.5	0	8291.5
深股通专用	8022.55	6748.59	1273.96
机构专用	4014.72	0	4014.72
机构专用	2846.49	0	2846.49
招商证券股份有限公司深圳前海路证券营业部	2436.42	12.34	2424.08
异动期内卖出金额最大的前五名			
深股通专用	8022.55	6748.59	1273.96
东方证券股份有限公司杭州五星路证券营业部	0	5292.13	– 5292.13
中信证券股份有限公司北京首体南路证券营业部	52.84	2319.31	– 2266.47
招商证券股份有限公司深圳招商证券大厦证券营业部	5.3	2297.37	– 2292.07
机构专用	0	1940.82	– 1940.82

上榜原因：涨幅偏离值达7%的证券		报告日期：2018 – 05 – 16	
成交金额：78301.28万元		总成交量：8938.76万股（占总股本：3.17%占流通A股3.56%）	
营业部名称	买入金额（万元）	卖出金额（万元）	净买入/卖出金额（万元）
异动期内买入金额最大的前五名			
机构专用	4732.54	0	4732.54
中国银河证券股份有限公司北京阜成路证券营业部	3545.58	31.73	3513.85
机构专用	2513.4	0	2513.4
机构专用	1999.33	0	1999.33
中信证券（山东）有限责任公司淄博分公司	1957.29	15.49	1941.79
异动期内卖出金额最大的前五名			
国泰君安证券股份有限公司深圳华强北路证券营业部	2.79	1800	– 1797.21
机构专用	0	1647.78	– 1647.78
机构专用	0	1435.86	– 1435.86
深股通专用	1051.19	1383.16	– 331.97
中信证券股份有限公司上海溧阳路证券营业部	1.62	1161.96	– 1160.35

续表

上榜原因：涨幅偏离值达7%的证券		报告日期：2018 - 01 - 16	
成交金额：44397.8万元		总成交量：5627.74万股（占总股本：2% 占流通A股2.24%）	
营业部名称	买入金额（万元）	卖出金额（万元）	净买入/卖出金额（万元）
异动期内买入金额最大的前五名			
东北证券股份有限公司上海普陀区武宁路证券营业部	3042.5	0	3042.5
广发证券股份有限公司深圳民田路证券营业部	1682.42	4	1678.42
中信证券股份有限公司上海漕溪北路证券营业部	1444.02	0.84	1443.18
中国中投证券有限责任公司深圳宝安兴华路证券营业部	1204.5	0	1204.5
中信证券股份有限公司北京总部证券营业部	1188.45	73.41	1115.05
异动期内卖出金额最大的前五名			
机构专用	0	1700.17	-1700.17
机构专用	0	1599.69	-1599.69
招商证券股份有限公司武汉中北路证券营业部	2.25	1293.2	-1290.95
国泰君安证券股份有限公司深圳华强北路证券营业部	0	1178.76	-1178.76
机构专用	0	966.45	-966.45

（三）仓位管理

根据放量实体二板的胜率确定性较高的情况，仓位可选择 1/3 ~ 1/4。

三、小阳铺垫板

（一）看盘要点

股价筑底后出现小阳居多的小幅爬升，振幅缩窄，俗称蚂蚁上树形态。这时底部不断抬高，表明主力看好该股，有相当的建仓筹码。当观察该股上升通道形成大约1周以上时间，上升的角度超过了30度时，打板客就可以将该股列入自选池，随时准备狙击。

（二）打板策略

对于铺垫板，从赔率估计，至少有15%的上涨空间，打板客跟进铺垫板的首板风险不大，是买入的好机会。

有两种策略选择：①等主力开始向上拉升该股接近涨停板时排版，如果是首板，说明主力已不满足小打小闹，该股将展开主升浪，可以重仓狙击。②提前埋伏该股，打板客用每日复盘找到这类铺垫板的形态，趁主力尚未拉升抢占先机埋伏。

对于打板客来说，策略②有双重利弊，事先潜伏尚未涨停的个股，如果买中涨停首板至少有 10% 以上的溢价收益。但如果仓位过重，主力洗盘非常猛烈，则得不偿失。或者机构借助完美技术形态，表面拉升实质高位出货，或出现上市公司的闪电减持，则有可能因判断失误被深套其中，如图 10-6 所示。

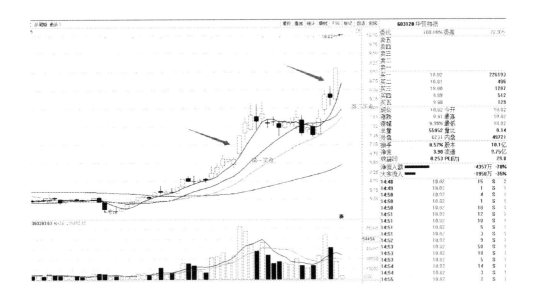

图 10-6

实例解析：华贸物流（603128）。

华贸物流（603128），2019 年 3 月下旬，眼花缭乱题材概念纷飞时，股价表现相对滞后，但有过多年交易经验的打板客都熟记该股历史上的惊人上涨表现。因此在发现它的铺垫板形态出现雏形时，立刻潜伏进去。当上海自贸区题材和中美首脑贸易谈判不断发酵后，自然就享受到后面飙升的连板收益。

（三）仓位管理

（1）建仓 1/3 ~ 1/2；

（2）因为属于试错，仓位控制必须更谨慎，建仓1/6。

第三节　天衣有缝战法

一、看盘要点

有些强势股在早盘封涨停板后，主力认为散户或者对手盘，跟风仓位太重，就会在盘中瞬间卖出，造成涨停板的开板。还有一种情况是，大盘突发利空造成涨停板被打开，但如果开板不久以后立刻出现市场的资金疯抢筹码，再度封板非常快，分时形态只留下仿佛天衣开出一条缝，这是打板客最喜欢狙击的强势涨停板之一。

二、打板策略

打板客必须先将此类股列为自选池，全神贯注地跟踪这种瞬间开板的情况，对该股的题材和主力建仓筹码最好全面分析，一旦出现回封，立刻买入。对于原来的交易计划就打算买入该股，由于打板手速慢，早盘时间没有买到的打板客来说，因为预定就要买入，所以开板瞬间就给了狙击涨停板买入的大好机会。

三、交易选时

早盘9：00~9：50。

尝试封涨停板的股票，因为大盘突然跳水瞬间开板，但可以看到，分时图出现大笔买入单不断吃掉卖单时，就可以立刻打板。

仓位管理

由于天衣有缝的买入时机相对比较充裕，可以采取分批建仓，最大仓位占账户 1/3 仓位，如图 10-7 所示。

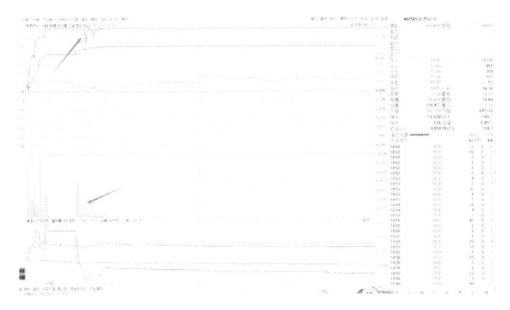

图 10-7

实例解析：顺灏股份（002565）。

2019 年 3 月 27 日，大盘经历周一周二的大跌，已经从高位回撤了约 110 点，随着前期各类题材熄火，只剩下工业大麻的龙头顺灏股份前日勉强封住涨停，很多打板客都认为该股上涨高度已经岌岌可危，但代表市场最聪明、反应最敏捷的市场主力对工业大麻有更近一步解读。

在人们原来的印象中大麻是毒品，也被联合国麻醉药品委员会列入限制性使用的麻醉品。其实，大麻有两个主要成分：一个叫四氢大麻酚（THC），一个叫大麻二酚（CBD）。四氢大麻酚的化学成分具有致幻作用，也即有毒；大麻二酚不仅没有致幻作用，还能治疗四氢大麻酚带来的致幻症状，更有镇静、抗炎甚至治疗肿瘤等巨大的药用价值。全球已有美国、阿根廷、澳大利亚、奥地利、智利等 35 个国家将医用大麻全面合法化，英国、法国、比利时、新西兰等 9 个国家部分医用大麻药物合法化。市场预计到 2025 年会是一个千亿级美元的行业。

敏感的市场主力意识到工业大麻已经成为穿越牛熊的领涨板块，而不是往日医药板块属于防守板块的逻辑。因此，尽管 3 月 27 日早上，因国家禁毒委员会办公室发下发"关于加强工业大麻管控工作的通知",通知声明,中国目前从未批准工业大麻用于医用和食品添加,各地要严格遵守规定。前日建仓的一部分游资受到惊吓获利出货砸开涨停板,但大量接力盘很快重新封住涨停板,并一直封死到收盘,带动整个工业大麻板块强劲反弹。

当股民们还在跟风5G、科创板的老热点的时候,市场资金已经从深度挖掘了这两大板块许多翻番股价的强势股转移,把目光集中到工业大麻板块。作为"医用大麻二酚(CBD)"的代表品种包括顺灏股份、诚志股份2019年开年来分别上涨了377.72%和136.05%。

当时A股市场已经有27家上市公司主动举手涉足工业大麻产业链,形成一股"工业大麻"旋风。然而游资也不是百战百胜,3月28日监管层加强对上市公司蹭概念蹭热点,龙头顺灏股份出现冲高回落,细看一下3月27日和28日的龙虎榜可以发现,著名游资营业部的银河证券绍兴营业部和中天证券深圳民田路营业部两家在27日买入的巨资。分别以亏损超800万元以上出局。虽然是打板亏损,可以从中学到游资对风险把控和在赔率大幅下降时坚决止损的勇气,如表10-2所示。

表10-2

上榜原因:振幅值达15%的证券			报告日期:2019-03-28	
成交金额:417128.31万元			总成交量:22718.53万股 (占总股本:32.04% 占流通A股33.05%)	
营业部名称		买入金额 (万元)	卖出金额 (万元)	净买入/卖出 金额(万元)
异动期内买入金额最大的前五名				
中信证券股份有限公司上海东方路证券营业部		7874.81	142.84	7731.96
西藏东方财富证券股份有限公司 拉萨团结路第二证券营业部		5088.87	4793.86	295
国金证券股份有限公司上海奉贤区金碧路证券营业部		2650.95	1343.76	1307.19
申万宏源证券有限公司上海徐汇区龙漕路证券营业部		2530.88	2.86	2528.02
招商证券股份有限公司深圳益 田路免税商务大厦证券营业部		2343.5	187.88	2155.62

异动期内卖出金额最大的前五名			
中国银河证券股份有限公司绍兴证券营业部	170.36	10476.68	-10306.32
中天证券股份有限公司深圳民田路证券营业部	0	8368.03	-8368.03
华泰证券股份有限公司深圳益田路荣超商务中心证券营业部	287.96	7646.63	-7358.68
中国银河证券股份有限公司广州滨江东路证券营业部	1.24	6597.71	-6596.48
西藏东方财富证券股份有限公司拉萨团结路第二证券营业部	5088.87	4793.86	295
上榜原因：涨幅偏离值达7%的证券	报告日期：2019 - 03 - 27		
成交金额：239408.75 万元	总成交量：13644.35 万股（占总股本：19.24% 占流通 A 股 19.85%）		
营业部名称	买入金额（万元）	卖出金额（万元）	净买入/卖出金额（万元）
异动期内买入金额最大的前五名			
中国银河证券股份有限公司绍兴证券营业部	11329.55	844.45	10485.1
中天证券股份有限公司深圳民田路证券营业部	7564.8	1247.2	6317.6
华泰证券股份有限公司深圳益田路荣超商务中心证券营业部	7348.88	728.12	6620.77
银泰证券有限责任公司上海嘉善路证券营业部	6676.97	7301.83	-624.86
西藏东方财富证券股份有限公司拉萨团结路第二证券营业部	5784.82	4436.08	1348.74
异动期内卖出金额最大的前五名			
申万宏源西部证券有限公司上海源深路证券营业部	1.49	18015.02	-18013.53
申万宏源证券有限公司深圳金田路证券营业部	79.09	9760.41	-9681.32
申万宏源西部证券有限公司北京紫竹院路证券营业部	68.02	9343.93	-9275.91
银泰证券有限责任公司上海嘉善路证券营业部	6676.97	7301.83	-624.86
恒泰证券股份有限公司上海兰花路证券营业部	442.8	6048	-5605.2

第四节　上升电梯板战法

一、看盘要点

该种股票首板看不出端倪，但二板封板的分时走势流畅，早盘直接封涨停，个股上升角度为 45 度以上，在 K 线实体上显示极强的上攻形态，成交量也比前天放大。

二、打板策略

上升角度突然变轨加快，是早期期货主力进入股市一种强势的操盘手法。由于做期货的主力拉升个股非常强悍，强势股一旦突破，短线上升空间极大。因此，在第二个涨停板，如果发现这种个股就必须及时买入。在选时方面，涨停板股票的二进三时，是打板客最佳的狙击时间！尤其是在分时弱转强，分歧转一致时，要抓住回封涨停板千金难逢的机会，立刻打板。

三、仓位管理

分批进入，最终达到半仓。如图 10 – 8、图 10 – 9 所示：

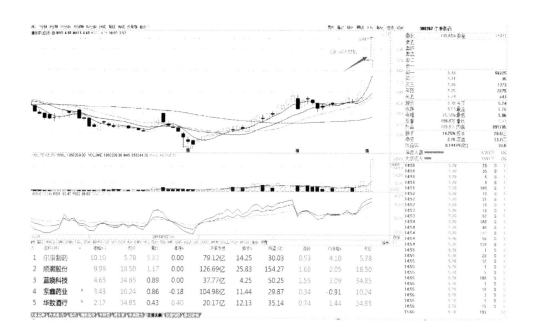

图 10 – 8

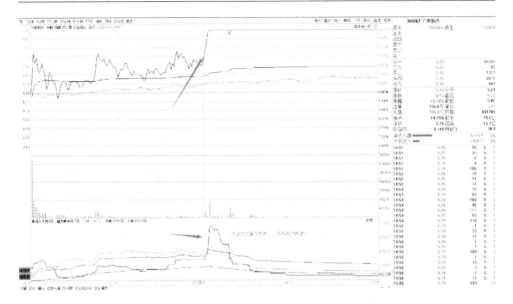

图 10 - 9

实例解析：尔康制药（300267）。

2019 年 3 月末，工业大麻股一波爆炒，连纺织用的亚麻如华升股份和欣龙控股全被爆炒，因为实质参与工业大麻标的上市工业太少，市场已经饥渴到疯狂的地步了，连毫无关系的上市公司因为代码中有麻字，例如黑芝麻（000716）也跟风涨停板。国家禁毒委和深交所纷纷发布监管政策，相关上市公司也发表澄清公告，3 月 28 日，工业大麻概念股集体跌停。

周五在市场担忧大盘出现双顶会暴跌时，国家队出手大金融板块，证券和保险板块强劲拉升，沪指迅速脱离 2990 下方，扶摇直上，而在 28 日逆势涨停的尔康制药披露公告，与有丰富工业大麻资源和强大研究能力的云南素麻生物科技有限公司签订合作意向协议，并与云贵资产成立股权投资基金，认购素麻生物 10% 的股权，基金规模暂定不超过 5250 万元。这是实质性参与工业大麻的药物开发，因此当早盘市场情绪很快回暖时，主力选择在午盘 11：20 突击高位建仓，13：00 开市即封涨停。倘若没有 3 月 28 日的市场情绪的恐慌，尔康制药 29 日一字板开盘基本无悬念，然而正是因为大浪淘沙才见真金，机会总是给为有准备的人。对于早有准备的打板客来说，监管出手有助于去掉浑水摸鱼的跟风杂毛股。给职业打板客一个及时低吸的机会！但是如果前一天未做好充足信息搜索复盘功课，没有高度集中注意力，无脑打板客是不可能在午盘即将收市时果断狙击该股打板的。

第五节　大长腿战法

一、看盘要点

当一只强势股连续涨停板到四进五板的时候，就具备了龙头的迹象，但因为流通筹码比较分散，要消化过多的获利盘。这时市场主力，有可能在早盘全天中采用波段操作的方式高抛低吸。在第四个涨停板后的第二天，早盘高开，股价被主力卖出砸下，等下跌到一定的幅度又被主力接回来，重新封涨停板。

二、打板策略

对于当日早盘高开以后有巨量的卖出现象，先不要急于接盘，观察分时线，下跌幅度超过 5% 以上时，当连日分时走势出现波浪下跌完毕，或者 15 分钟 K 线已出现底背离，有 V 形反弹的征兆时出手买入。这种狙击涨停板的手法也叫低吸打板。

三、仓位管理

1/3 ~ 1/4 之间。

实例解析一：东信和平（002017）。

东信和平作为 5G 的深圳分支龙头，分时图可以看出第 4 个涨停板的分时图不是特别的强劲，拉涨停板的时间也是在午后。四进五的连板过程，体现出当日市场检验该股份支龙头的含金成色。在10：24出现一个完整ABC下跌结构，观察到主力进场强行拉升出现V形反弹时，打板客可以首次轻仓低吸，带有试错性质。当分时走势出现双底结构的右翼，白线已经穿越黄线时，这时可以大胆加仓，等待涨停板，如图10－10所示。

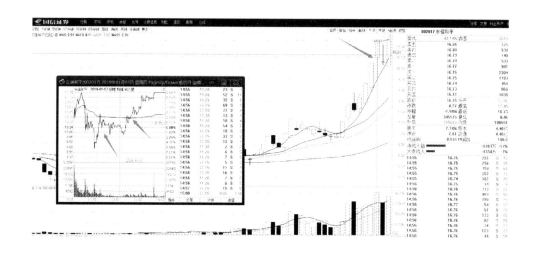

图10－10

实例解析二：银星能源（000862）。

2019年2月18日，银星能源开盘低走，因为已经有个涨停板，这时对银星能源该怎么预判？到底该不该继续打板？此时制定交易策略时可以应用数板战法，所谓数板，就是找到历史龙头的参照走势，看类似这样题材的龙头涨幅空间多大。简单说就是之前的龙头涨了多少个涨停板。

银星能源属于新能源板块，相当于分支龙头，银星能源不能和5G总龙头东方通信的涨幅高度相比，对标2018年11月中旬重组壳资源龙头的恒立实业（000622），恒立实业从2018年10月20日启动，计有13个连板。所以，虽然2月15日市场出现大幅分歧，但可以预判出银星能源的行情尚未终结，很有可能走出类似恒立实业的高举高打走势。这样打板客选择在市场情绪动荡时期，分时低吸银星能源。从盘口可以看出，银星能源2月15日高开低走后，换手充分，分时走势出现看涨分形，然后低点不断抬高，可见新资金继续看好该股上涨空间。这时，胆大、盯盘技术老到的打板客可以先手低吸，而经验稍欠缺的打板客可以选择尾盘比较确定升势时参与封板。虽然这算高位的大长腿板，但仍然有较高胜率保证之后溢价平仓，也是锻炼打板客盘中抓涨停板的能力，应该适量参与，如图 10 – 11、图 10 – 12 所示。

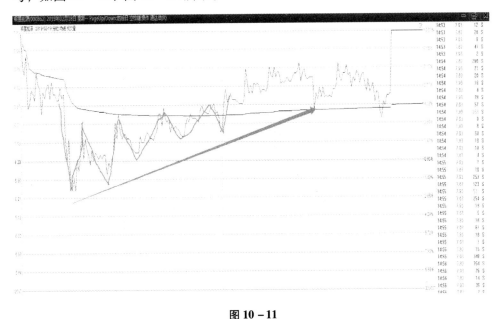

图 10 – 11

图 10 – 12

实例解析三：浙江龙盛（600352）。

本来 32.5 亿元的中大流通盘蓝筹股，业绩良好，市盈率 15 倍以下。2019 年 3 月 21 日，江苏响水一化工企业发生事故，死伤众多，引起国务院和地方政府的高度重视，盐城地区决定关闭响水化工园区。对染料及化工中间品可产生巨大的提升作用，而浙江龙盛是生产染料的化工巨头，远离爆炸地区，是该突发事件的直接受益者。自 3 月 21 日后，该股逐渐成为化工安全生产及涨价概念的龙头，股价快速连板上升，图 10 – 13 就是分时走势中利用暂时回落把握大趋势狙击涨停板的绝好时机。

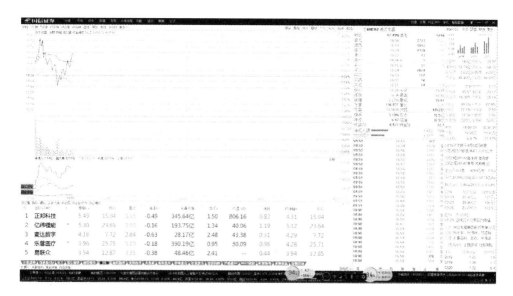

图 10 – 13

第六节　反包板战法

一、看盘要点

和大长腿相反，反包板是在强势连续涨停板的个股出现首阴后，次日反包阴线出现收实体阳线的涨停板。这是一种洗盘较为彻底之后，主力继续强势拉升的技术形态，也是胜率高的经典打板形态。

二、打板策略

专业打板客在该股出现首阴时可以适量地低吸，次日如果继续走好，就采取狙击涨停板。技术火候稍差的打板客，应该在次日该股上涨百分之 3%，K 线反包前日阴线一半时才出手狙击打板。

三、仓位管理

对于总龙头股，可用 1/2 仓位建仓，如仅是龙二、龙三，则用 1/4 的仓位，如图 10 - 14 所示。

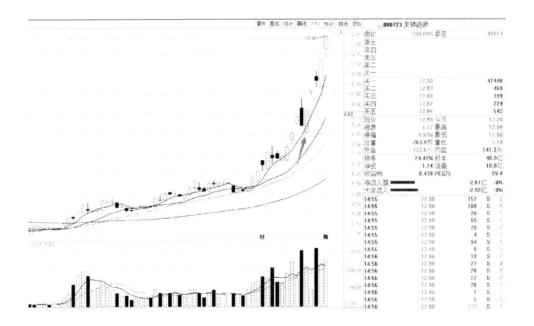

图 10 - 14

实例解析：美景能源（000723）。

作为新能源的龙头股，在连续拉伸了三个涨停板后，出现了首次的大幅获利回吐。但从这只股票前期筹码分布可以看出，底仓还是相当的稳固。因此第3板后的首个阴线，就迅速被第2天涨停板反包，这时是打板客狙击涨停板采取低吸或者半路买入、扫板等各种狙击手法的大好机会。

第七节 卡位龙头战法

一、看盘要点

旧的龙头炒作已久，进入炒作周期的尾声。而新的题材出现，资金流向新诞生的龙头，这是一个股票市场特有的喜新厌旧的周期性特点。当旧龙头被新龙头取代，旧的题材炒作进入到尾声，而新的题材、新的上涨想象空间，刺激着最敏感、反应能力最迅速的市场资金迅速转换方向，打板客立即摆脱头脑中的定式思维，不沉醉于在原有强势股上涨利润的胜利陶醉中，果断卖出老龙头，狙击新龙头。

二、打板策略

新旧龙头的转换，有时清晰，有时复杂，未必每个打板客都能看得懂。这时老练的打板客必须制定出旧龙头的情绪周期，做详细的分析。当老龙头出现顶部形态，而新龙头出现加速形态，特别是手中持有老龙头的账户盈利正在减少之日时，要果断弃旧更新，追逐新龙头。对于新龙头的判断，跟随市场风向标，成功概率更大。闭门造车，臆想新龙头的潜伏，反而容易失败（参见贝叶斯法则运用一章。）

以下几个龙头交替为例，贵州燃气（600903），从2017年12月20日到2018

年 1 月 22 日，大约一个月。第二波从 2018 年 2 月 21 日到 3 月 9 日，龙回头比较短，大约 15 天。宏川智慧（002930），2018 年 5 月 8 日到 6 月 1 日，持续大约 1 个月。可见一般市场主力对一个题材的龙头炒作第一波均在 1 个月左右，分支龙头的炒作周期就更短，长则 2 周，短则三五天。那些今天涨、明天普跌的涨停板题材都不属于龙头，而是跟风杂毛股，也谈不上周期的时间。

三、仓位管理

卖出老龙头的仓位，全部转入新龙头，如图 10 - 15、图 10 - 16 所示。

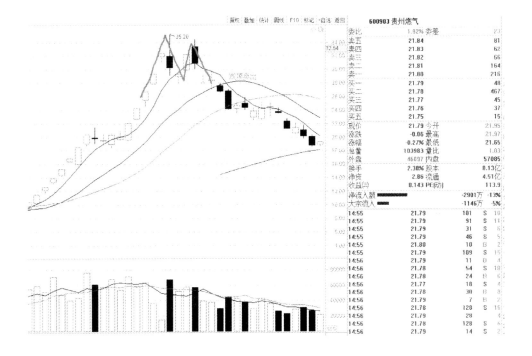

图 10 - 15

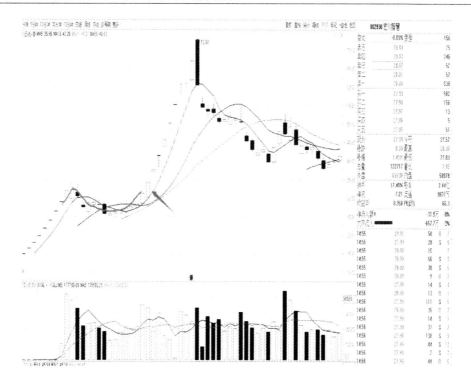

图 10 - 16

第八节 龙回头战法

一、看盘要点

龙回头板是指一个时期的总龙头，由于市场形成了高度的注意力，轮流接力的各方资金，使这只连续涨停板的股票，成为当时市场的唯一标杆高度。即它的涨停板的连板数量是其他题材都不可比拟的。在这种情况下，尽管出现高位调整之后，散户都以为该股会怎么涨上去怎么跌回去，而主力却逆势再度启动涨停式拉升，出现二波连板上涨，这就是龙回头的涨停板形态。

二、打板策略

龙回头板产生的必要条件，如果在熊市，必须是市场某个时间段的唯一的题材，才会被市场高度地关注，否则很难吸引各方资金的接力行为，因为假龙的龙回头对打板客杀伤力也最大！而在牛市，由于流动性良好，市场资金充足，分支的龙头都有可能产生龙回头的形态，这时候打板客狙击的胜率比较高，可以大胆地买入。

实例解析：贵州燃气（600903）。

2017 年冬季异常寒冷，进口天然气的价格猛烈上涨，而国内天然气供应出现严重短缺，因此贵州燃气成为了市场的香饽饽，撇开大盘独立连板上涨，从 8.05 元起步，最高涨到 35 元多，先涨了 15 个涨停板。出现双顶以后回落到最低 18.77 收盘，在斐波那契数列 55 日线处受到支撑，再度出现涨停板，成为近乎于妖股的龙头。提示：主力只有看到市场情绪仍然对贵州燃气保持旺盛的关注度，才能如愿使老龙头二度梅开，再次出现连板周期，如图 10 - 17 所示。

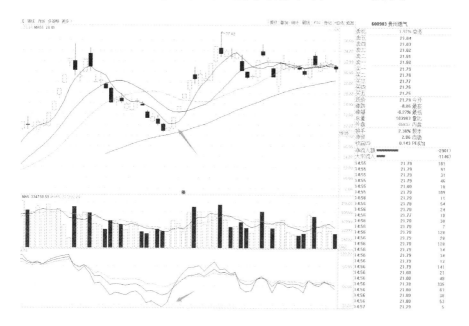

图 10 - 17

<h1 style="text-align:center">第九节　地天板战法</h1>

一、看盘要点

地天板是在强势个股已经涨停到 6 个涨停板之上突然出现利空的情况下，次日开盘跌停。由于该强势股的龙头地位，影响到整个大盘的板块整体下跌，突发的利空，影响正在走上升趋势的连板股票，突然第 2 天以跌停板开盘，主力也来不及出货。机构判断市场非理性，决定重新点火，大量在该股跌停板价格买入，直线拉升到涨停板，从跌 10% 到涨 10%，股价从遭遇地板价到涨停板价的剧烈振荡，故称地天板。

二、打板策略

地天板的特征是在跌停板处有机构撬板时有巨量买单，吃掉跌停板上巨大的挂出卖单。打板客首先必须判断，这只股就算不是总龙头至少也是分支龙头地位。由于地天板上下震荡幅度极大，如果在跌停板被主力拉升到涨停板，相当于主力一天获利20%，因此看主力撬开跌不说停板的成交量是自救还是为再度点燃市场人气，确保次日溢价的推理逻辑对打板客来说非常关键，经验不足的打板客不宜轻易地狙击天板。

当观察到机构刚刚撬开跌停板时，打板客还必须冷静观察一会儿，确定在跌停板的筹码都被机构接走，没有再度出现巨量挂跌停板的卖单，并向上拉升强劲反弹时，在该股反弹 2% 以后介入才比较安全。

三、仓位管理

地天板次日能否溢价卖出的不确定性较高，除非主力自己了解目标，一般打板客的胜率估计不高过51％，仓位不宜过重，采取逐步加仓的方式买入，最多1/5仓位。以防有些被套的主力在翘板反弹后摊低成本出货，如图 10 - 18 所示。

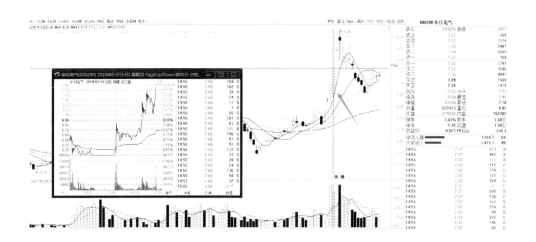

图 10 - 18

实例解析一：华仪电气（600290）。

2019 年 3 月 14 日，在监管层严查市场配资的利空消息影响下，市场亢奋情绪迅速回落。由于处在牛熊市的转换期，打板客们异常敏感，一看到监管政策收紧立刻大量的卖出，造成许多热门强势题材股都出现了跌停板。而华仪电气作为科创板的新起龙头，当天早间也开盘跌停，主力为了安抚市场情绪，逆势在华仪电气这只浮筹不多的强势股上撬板。在上午收市前几分钟有大量的资金在跌停板价格买入，直线飙升，使该股跌幅直接收窄 5 个点。下午开市后，市场跟风盘蜂拥买入，最后完成了地天板的过程。这是一个主力逆势操作逻辑的经典示范。

之前，很多打板客都是熊市思维，一遇到利空，第二天早晨就采取集合竞价核按钮的卖出方式，不仅损害自己也妨碍市场主力的持续拉升。所以，市场主力挑选了华仪电气这个分支科创龙头搞了一个地天板，当日 20％ 的振幅和收益，不仅使前面建仓的资金得到保护，也使市场情绪迅速回暖。体现出市场主力充分吃透监管层要推出科创板不可能大力打压指数和个股的意图，敢于在跌停板处大量建仓买入。这时候，只有平时训练有素、有丰富打板经验的职业打板客，才会一看到跌停板被撬开，立刻跟进买入，稍有迟疑或思考什么逻辑的话，就错失了上车机会。

实例解析二：西安旅游（000610）。

2019 年 3 月 26 日，大盘受全球对经济前景重新悲观情绪影响，延续 A 股周一暴跌，周二强势股纷纷大幅低开下跌，市场资金越来越同质化，整个短线资金都把追涨杀跌做到极致的时候，市场波动只会越来越情绪化的波段。部分看多机构为了点燃市场做多热情，在跌停板撬动西安旅游（000610），这只股是"一带一路"主流题材加五月黄金周预期，市场人气高。自从华仪电气出现地天板之后，市场资金有目的的模仿操作地天板，这也是针对核按钮的反击，如图 10 – 19、图 10 – 20 所示。

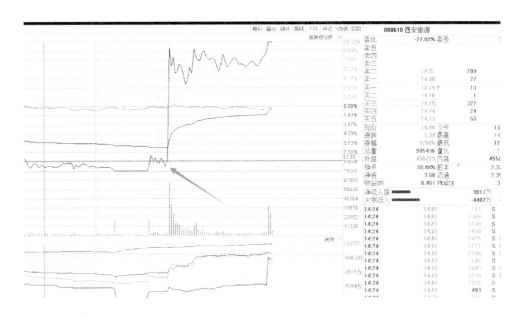

图 10 – 19

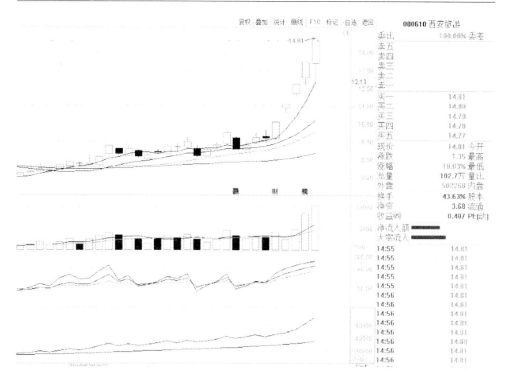

图 10 - 20

表 10 - 3

西安旅游（000610）龙虎榜

上榜原因：涨幅偏离值达7%的证券	报告日期：2019 - 03 - 26		
成交金额：139284.85 万元	总成交量：10265.79 万股 （占总股本：43.36% 占流通 A 股43.6%）		
营业部名称	买入金额 （万元）	卖出金额 （万元）	净买入/卖出 金额（万元）
异动期内买入金额最大的前五名			
西藏东方财富证券股份有限公司 拉萨团结路第二证券营业部	3510.69	2462.14	1048.54
光大证券股份有限公司慈溪观海卫证券营业部	2977.74	5950.67	- 2972.93
中国中投证券有限责任公司广州体育东路证券营业部	2026.48	1793.26	233.22
平安证券股份有限公司福州长乐北路证券营业部	1833.1	1153.25	679.85
财通证券股份有限公司温岭中华路证券营业部	1811.78	1677.81	133.97

异动期内卖出金额最大的前五名			
光大证券股份有限公司慈溪观海卫证券营业部	2977.74	5950.67	-2972.93
民生证券股份有限公司四川分公司	1613.37	3527.77	-1914.41
光大证券股份有限公司宁波甬江大道证券营业部	17.34	3325.66	-3308.32
大同证券有限责任公司运城人民北路证券营业部	57.22	3053.04	-2995.81
西藏东方财富证券股份有限公司拉萨团结路第二证券营业部	3510.69	2462.14	1048.54
上榜原因：涨幅偏离值达7%的证券		报告日期：2019-03-25	
成交金额：111404.85万元		总成交量：8521.16万股（占总股本：35.99%占流通A股36.19%）	

营业部名称	买入金额（万元）	卖出金额（万元）	净买入/卖出金额（万元）
异动期内买入金额最大的前五名			
光大证券股份有限公司慈溪观海卫证券营业部	2976.49	3272.53	-296.04
中国中投证券有限责任公司广州体育东路证券营业部	1955.36	13.16	1942.2
财通证券股份有限公司温岭中华路证券营业部	1768.03	27.75	1740.27
华泰证券股份有限公司浙江分公司	1354.03	0.67	1353.36
西藏东方财富证券股份有限公司拉萨团结路第二证券营业部	1297.79	1039.68	258.11
异动期内卖出金额最大的前五名			
光大证券股份有限公司宁波甬江大道证券营业部	8.6	3315.82	-3307.23
光大证券股份有限公司慈溪观海卫证券营业部	2976.49	3272.53	-296.04
民生证券股份有限公司四川分公司	956.8	2625.88	-1669.08
浙商证券股份有限公司淳安新安东路证券营业部	4.4	2053.61	-2049.21
西部证券股份有限公司西安未央路第一证券营业部	333.75	1285.66	-951.91

从龙虎榜看仍然是3月25日建仓打板的光大证券慈溪观海卫营业部连续三天以2500万元以上买入，然后有T工厂之称的西藏东财拉萨团结路接力做高抛低吸波段操作。3月27日西安旅游公布持有红土公司35%股权，其将推动已投

企业积极准备申报科创板，由此看出游资信息灵通，创投上市是当下最热门题材，游资才有底气玩地天板。

实例解析三：派生科技、置信电气（600517）。

擅长地天板的游资佛山无形脚，从龙虎榜可以看出，兴业证券佛山魁奇路擅长把握市场情绪和大幅下跌个股的利空出尽时机，总是在个股已经连跌数个跌停板后进场撬板抢反弹。都取得不错的收益。见派生科技和置信电气的龙虎榜，如表 10－4、表 10－5 所示。

表 10－4

股票名称：派生科技	上榜原因：振幅值达 15% 的证券				
报告日期：2019－04－15	成交金额：166724.71 万元	总成交量：8362.77 万股（占总股本：21.59% 占流通 A 股：21.59%）			
营业部名称	买入金额（万元）	占成交额比	卖出金额（万元）	占成交额比	买卖净额（万元）
异动期内买入金额最大的前 5 名					
兴业证券股份有限公司佛山魁奇路证券营业部	33858.6	20.31%	0	0%	33858.6
华泰证券股份有限公司深圳益田路荣超商务中心证券营业部	7151.49	4.29%	11.32	0.01%	7140.17
太平洋证券股份有限公司许昌建安大道证券营业部	5643	3.38%	0	0%	5643
东吴证券股份有限公司苏州石路证券营业部	3201.31	1.92%	2.2	0%	3199.11
国泰君安证券股份有限公司顺德大良证券营业部	2938.28	1.76%	0.64	0%	2937.65
异动期内卖出金额最大的前 5 名					
东方证券股份有限公司深圳深南东路证券营业部	0	0%	24579.1	14.74%	－24579.1
西南证券股份有限公司广西分公司	2.64	0%	17620.86	10.57%	－17618.23
平安证券股份有限公司东莞石竹路证券营业部	3.23	0%	13635.04	8.18%	－13631.81
平安证券股份有限公司长沙五一大道证券营业部	33.03	0.02%	10779.25	6.47%	－10746.23
申万宏源西部证券有限公司深圳深南大道证券营业部					

表 10-5

置信电气（600517）龙虎榜

上榜原因：跌幅偏离值达7%的证券		报告日期：2019 – 04 – 16	
成交金额：193498.56万元		总成交量：17795.57万股（占总股本：13.12%占流通A股14.3%）	
营业部名称	买入金额（万元）	卖出金额（万元）	净买入/卖出金额（万元）
异动期内买入金额最大的前五名			
兴业证券股份有限公司佛山魁奇路证券营业部	6432	0	6432
华泰证券股份有限公司深圳益田路荣超商务中心证券营业部	4866.9	0	4866.9
兴业证券股份有限公司深圳分公司	4031.47	0	4031.47
东吴证券股份有限公司苏州石路证券营业部	3010.23	0	3010.23
西藏东方财富证券股份有限公司拉萨团结路第二证券营业部	2613.67	0	2613.67
异动期内卖出金额最大的前五名			
华泰证券股份有限公司广州天河东路证券营业部	0	2345.22	– 2345.22
华鑫证券有限责任公司杭州飞云江路证券营业部	0	2318.97	– 2318.97
国泰君安证券股份有限公司深圳深南大道京基一百证券营业部	0	2203.13	– 2203.13
长江证券股份有限公司佛山普澜二路证券营业部	0	2187.38	– 2187.38
方正证券股份有限公司北京阜外大街	0	2145.07	– 2145.07

第十节　爆量板战法

一、盯盘要点

火爆的成交量，是爆量板一个非常简单而又突出的特征。爆量板都发生在牛市的初期，次日继续上涨的确定性比较高。爆量涨停板的个股，流通盘不限于中小盘，有时恰恰是逆市场一般只炒中小盘的思维，专挑流通盘在几十亿到上百亿元的蓝筹股，这种敢于用巨资买入大蓝筹股的主力一般都是对宏观经济研判准确、志存高远的国家队机构，他们不仅有雄厚的资金实力而且深谙中央决策，操盘具有相当的前瞻性。往往是反大众思维的操盘理念，包括外资为代表的 QFII，都是在散户恐慌时刻抄底。

中小市场游资是不太可能采用爆量板这样明目张胆大举买入拉升的方式，因此，大盘股爆量涨停和市场的指数以及监管层政策的突变有相当密切的关系。也就是说，发现爆量板立刻跟进追涨，对一般的打板客来说，胜率是比较高。

简单的盯盘方式就是看有没有大量的主力四位数甚至五位数的大单封涨停板。当然，要根据分时走势买盘的大单成交量来判断，而流通盘的大小决定了主力大单的位数。如果是一个中小流通盘股票只有 5000 万元以下，三位数的连续买单就属于大单了。而上百亿元的流通盘的股票，我们可以看到在某个时段公然出现几百手和几千手，甚至几万手的买单。

二、打板策略

在大盘环境有利于狙击涨停板的氛围时，看到某股在买一、买二、买三、买四四位数的挂单，分时走势超过四位数的连续大手买入，股价随之走高，就立刻跟进买入。在接近涨幅 7% 时，观察成交量是否比昨日放大 30%，如果成交量不足，不再加仓，等机构压盘，股价再度回落 2% 时，看见大量买单出现时再跟进加仓，如图 10 - 21 所示。

在证券的软件上有提示分时，白黄绿三条曲线，白线代表大单买入，绿线代表中小单买入，线代表小单买入，可以去查看这方面的提示功能，如图 10 - 22 所示。

只有在牛市的状态，机构才会动用这么大的资金去突击建仓，这等于是打着明牌建仓，因此爆量板一旦出现，就给了打板客一个非常好的搭便车机会。因为和牛市环境相共生的，即使当天追高被套小亏，只要想想主力买进当日几千万上

600115 东方航空　分时成交明细　　Up/PageUp:前翻　Down/PageDown:后翻

图 10－21

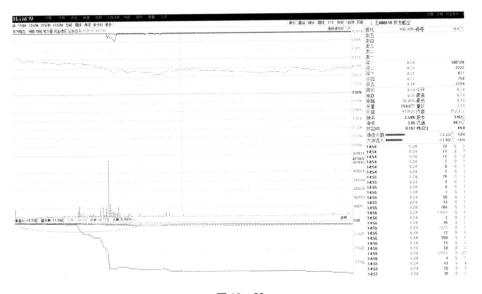

图 10－22

亿元资金，作为散户又担心什么呢？大不了也就是被套个两三天，赚钱的概率是很高的！爆量板出现时，基本上安全的胜率和赔率就已经决定好了，特别适合初学打板客。

三、仓位管理

对爆量板的交易策略最好是估计换手率超过了 5% 以上，可以去打板，仓位可以占 1/3。

思考题

（1）什么涨停板的图谱值得重仓买入？

（2）爆量板在牛市可靠还是熊市可靠？

（3）高级思考题：什么是连板的分时走势组合？

实 战 篇

第十一章　特训营分队长实盘打板测试

铁老师："今天是 4 月初，打板客特训营的基础和技术课程培训已经结束，现在将进入实盘打板测试阶段。本来是由 4 个分队长各拿出 10 万元，按照打板战法实盘演练，但大漠苍鹰因为风控和打板技术出众，已经受到私募资金青睐，现在正和私募谈合作事项，这次很遗憾就不参加实盘演练。由于贵大胆的资金不够 10 万元，大漠苍鹰慷慨借给贵大胆 6 万元资金，所以这次打板测试，由上海欧巴、很 Q 的小丸子、贵大胆 3 人参加，其他学员如果愿意也可以用小资金实盘跟着操作，没有完全掌握打板技术的新人可以用模拟盘测试。

（1）4 月 1 日打板战绩：

贵大胆，半仓，打板东风科技（600081），成交价 10.34 元。

很 Q 的小丸子 1/3 仓位买入东风科技，成交价 10.07 元，1/3 仓位竞价打板精准股份（300099），没有成交。

上海欧巴，1/10 仓位买入春兴精工（002547），成交价 8.1 元。

（2）4 月 2 日打板成绩：

贵大胆，11.3 卖出东风科技，获利 8.2%，半仓打板顺灏股份（002565），成交价元 22.39 买入，尾盘顺灏股份砸开盘，浮亏 -5%，盈亏抵消后浮盈 3%。

很 Q 的小丸子，10.22 元卖出东风科技，浮盈 11.2%，1/3 仓位竞价打板新界泵业（002532），成交价 9.7 元。1/3 仓位竞价打板御银股份，没有成交。

上海欧巴继续持仓春兴精工，浮亏轻微不计。

（3）4月3日打板战绩：

很Q的小丸子，1/3仓位买入华创阳安（600155），成交价15.3元，9.07元卖出新界泵业止损，亏损7.06%。1/3仓位买入福安药业（300194），成交价5.43元。

贵大胆，核按钮方式以18.78元卖出顺灏股份止损，亏损-16%，尾盘七成仓打板美景能源（000723），成交价11.73元。

上海欧巴，继续用1/10仓位加仓春兴精工，持有二成仓位，成交价7.98元，浮亏0.01%，1/10仓位打板福安药业（300194）成交价5.49元。

（4）4月4日打板战绩：

很Q的小丸子，15.5元卖出华创阳安，浮盈1.3%，涨停板卖出福安药业，成交价6.04元，浮盈11.2%，2/3仓位买入宏达矿业（600532），成交价6.45元。

贵大胆，12.5元卖出美景能源，浮盈6.5%，半仓打板二六三，成交价9.55元。

上海欧巴，持1/5仓位春兴精工，浮亏-4%，持1/10仓位福安药业。浮盈10%，盈亏抵消后，浮盈1%。

2019年4月初，特训营一周打板测试成绩公布如下，测试账户资金10万。

按4月8日收盘价计算：

很Q的小丸子：周收益率16.4%。

上海欧巴：周收益率8.4%。

贵大胆：周收益率1%。

（5）铁老师点评：

很Q的小丸子在本轮打板演练中战绩暂居第一名，从他的打板交易策略看，基本上是按照每天最热门的题材概念来打板分支龙一。例如中国大银行推出区块链技术应用的利好刺激下，他连续集合竞价打板区块链概念的龙一精准股份和御银股份，虽然没能成交，但对寻龙诀打板战法掌握还不错。缺点是没有买到龙一而出现急躁情绪，这也是打板客特有的意淫心理。没有买到龙头，却把龙头涨停的收益算成自己本该赚到的收益，结果影响了心态，管不住自己的手，追涨新界泵是不该犯的初级错误。新界泵业一字板缩量连板三天，这时开盘是风险绝对高于收益，不能打的烂板。这是你在失去自控力后无法很好把握市场周期出现失误，如果不是这笔失误，很 Q 的小丸子打板成绩还是可圈可点的。今后要注意加强管住自己的手，不能因为没有买到龙头，就乱买杂毛股。

上海欧巴的交易相当保守，春兴精工采用了低吸策略，和我们这次打板课程所教的技术没有关联，但体现出他在 2018 年账户大幅缩水后的稳健风格，我也仔细观察了春兴精工，有机构在地位吸筹的迹象，所以他一直持仓不动，不仅是因为试错资金投入不多，也源于他扎实的盯盘技巧。4 月 3 日他为了改变战绩落后的状态，打板福安药业相当成功，这是工业大麻的后起之秀，也叫补涨龙。笔者发现上海欧巴不轻易出手，都是在集中注意力盯盘后有 60% 的胜算才建仓，这点算是这次学习打板课程中最值得赞扬的。需要改进的就是在胆量上还要更凶猛一点，还记得索罗斯要求他的基金经理建仓的吗？斯坦利·朱肯米勒是一位很有才华的年轻基金经理，开始为索罗斯工作不久，朱肯米勒对美元很不看好，做了大量沽空美元买入马克的仓位，这些仓位开始盈利了，朱肯米勒感到很骄傲。索罗斯来到朱克米勒办公室，谈起这笔交易，索罗斯问朱肯米勒，你建了多大的仓位？朱肯米勒回答：10 亿美元。索罗斯不屑地反问，这也叫仓位？当某个交易做对时索罗斯总认为仓位不够，他鼓励朱肯米勒把仓位加倍，朱肯米勒照办了，后来这笔交易获利惊人！这就是顶尖交易大师的风范，在胜算高时要重仓出击。上海欧巴你在仓位上还是过于谨慎，影响了你的战绩。

贵大胆这次虽然是最后一名，而且无脑打板的老毛病没有根本的改变，顺灏股份那天已经是风雨飘摇之中，你还去追顶太愚蠢。但你这次一个最大的改变就是在仓位控制上反而有很大提高，你自己说过去是全仓出击，一把梭哈，完全是赌徒心态。但这次你很清醒账户中有 6 万元是大漠苍鹰友谊借给你的钱，所以你没有用全仓去博，也体现了学习打板课程的成效。

一个学员问："老师，这三个分队长也都算我们学员中最优秀的选手了，为什么打板课程学习这么久，还没有很大改善？"

铁老师回答："这次暴露出来的问题主要是在掌握情绪兵法上的心理认知问题，这也是打板客最难修炼的心法。我在前面课程说过市场周期和市场情绪，然而，打板客还要非常注意个人的情绪周期。情绪兵法是打板客在大众情绪极度恐慌时要大胆，而在大众情绪极度贪婪时反而要恐惧！除此之外，对个人情绪的高点和低点的周期要自我监控，了解影响大脑促使情绪高昂和沮丧的神经递质的分泌原理，从而科学的分配智商和激情。这些最难修炼的心理素质无法速成。接下来最后几节课，我会讲关于如何认识自己的心理缺陷和纠正方法，希望帮助到学员们有效的提升修炼能力。"

第十二章 打板客的十大心理认知偏差

在特训营的基础课程和技术课程已经完成后，最后我们要讲一讲心理学。现代经济学中，对于心理学的重视程度越来越高，几个诺贝尔经济学奖都是颁发给研究行为经济学的学者。在市场上交易时间足够长以后，打板客就会意识到学习技术层面的知识相对容易，解决心理学层面的偏差才是最难的！俗话所说，人最难的不是战胜市场，而是战胜自我！这里笔者根据心理学经典归纳出打板客的十个认知偏差，希望所有学员对照自己身上的心理缺陷，不断整改。

一、过度自信

很多犯错的打板客都是学习最有成就、最聪明的人，然后短期获胜成功，就抱有过度自信。混淆其中因果关系，持续高估自己对打板客是一种很大的灾难！越深入研究的人，越要尊重市场，谨慎小心，使得万年船。

有一个比较显著的例子，我们曾经有一个学员外号叫饶胖子，他在朋友圈学习了一段时间，掌握了一点狙击涨停板的技术。在他连续打板 4 个股票成功后，就欣喜若狂地称自己已经毕业了，不需要再学习了。结果，在市场的急剧变化中，他对打板模式不能够适应，由于他的过度自信继续使用固定的打板模式，短短的三天内就狂亏，不仅把之前的利润全部输光，还把自己的 10 万本金也亏尽。

指导老师去检查时发现原来这个人在生活习惯中就有偷懒、投机取巧的习惯，而且特别喜欢吃甜食，根本控制不住自己的欲望，体重急剧增加。他想用懒惰的方式取得更大的成就，这在金融市场上是绝无可能的！

金融市场就是这么残酷，比你优秀 100 倍的交易选手还在每天花 10 个小时盯盘复盘检查自己每一笔交易的错误，总结新的成功模式，而没有自知之明的人，稍微学到一点打板技巧的人就自称自己已经悟道了，这又怎么可能呢？过度的自信反而导致新生打板客更早的死亡，没有可以用一成不变所谓成功的打板模式，保持交易的常胜冠军，这已经是一个最基本的原则了。

二、可获得性偏差

这是指人们倾向于根据意识简化原则，判断一个复杂世界，仅凭一条证据就做出决策，或许只是在过去有效巧合的概率，在对下一个事件判断时，我们却自然而依据经验做处理，产生对认识偏差。这是对贝叶斯法则的错误应用。我们不少打板客新人，才学到一个打板方法就以为可以包揽打板世界。例如，数板战法就是简单数市场中连板最多的牛股打板，在龙头刚刚拉升时，数板战法可能让某些打板客赚了一两个涨停板，但如果不注意事件驱动周期和情绪周期，一味只是连板数量买入，基本上前面怎么赚的到钱，后面就怎么赔给市场。

三、厌恶损失

这是一种典型的情感偏差。在行为经济学上，人们习惯把自己的账户分为实际账户和心理账户。同样 1 万元钱，如果用于消费时，人们非常清楚要花在物有所值的商品上，没有人在平时会非理智地花费 9999 元去购买一块蛋糕。但在交易时，人们把 1 万元视为投资，既然是投资就要包括预期回报的收益。假设期望赚 10%，那么在投资者的心理账户上，这 1 万元等于 1.1 万元，人们不喜欢投资损失，更偏爱投资收益，在买入股票时习惯拒绝承认失败，一旦被套总希望全身而退，结果在交易拖延决策，失去最佳卖出机会。经济学预期理论认为，人们对风险造成的损失甚于盈利，在开始选择时，很多散户对于风险造成的损失的恐惧更甚于盈利。听信成功股神故事入市，倾向于赚取小额收益，以为股市容易赚钱，进而加大投资金额，使交易能力却完全跟不上资金管理时于是对深套的个股反能接受大的亏损。这和股市上经典的"止住亏损，让盈利奔跑"的交易哲学完全相悖。

四、意淫

意淫是一种严重的盲目心理幻觉，在心理学上有一个自我归因的认知偏差，推卸责任是人性典型的弱点。在股票上赚了就归于自己的技术或者聪明勤奋，亏了就归结于外因和倒霉的遭遇。如果不了解成功总是存在一定的概率，而把失败或者错误归结为外因和倒霉的遭遇。这样的打板客总是把幻想当作真实的人格心理。喜欢意淫的股民一般是伪乐观主义者，表面看，他们对未来充满乐观态度，如果是牛市初中期，或许恰好他们的乐观态度有助于解套甚至盈利。而在熊市和狙击涨停板的超短交易中，这种意淫心理，经常会遭遇灭顶之灾！特别是那些无脑打板客跟风追逐高位涨停板股票，对胜率和赔率的估计不是建立在科学的统计基础上，没有察觉以往交易模式的缺陷加以修正，不肯设立果断坚决的止损规则，明明是被核按钮深度套牢，却忘记自己打板的超短模式，改变为长期意淫等待解套的交易模式。结果损失惨重，甚至亏损到痛不欲生。

五、保守主义代表性偏差

交易者对新信息反应太慢，思维固定原有的框架中，经常因为缺乏灵活弹性的思维逻辑，错误的顽固坚守保守的观点，结果损失机会收益，白白消耗了大量时间和新的机会。例如，2019 年第一季度，市场轮番出现工业大麻、OLED、工业互联网等新概念，也创造很多打板机会，如果一个打板客固守只买银行大盘蓝筹股的保守观点，可能在整个半年内资金账户曲线都是平的，没什么赚钱。而眼睁睁地看着灵活善变的打板客不断追逐热点，眼花缭乱的打板动作，空发牢骚和抱怨。这只能怪自己跟不上时势。

六、事后确认的偏差

这是人类都有一个致命的弱点，都喜欢事后诸葛亮。在打板时犹豫不决，而当该股涨停，又在朋友圈到处炫耀自己早就看中该股的上涨，可惜就是没有下决心买入，等等，这基本上是新人打板客的通病。

七、锚定和调整的偏差

这是心理学中一个怪圈，在熊市中，让大部分股民回答股市还会下跌多少时，如果已经有类似权威的答案提示，则大多数股民的认识就受到误导。例如，2018 年大盘跌倒 2700 点附近，网红经济学家预测 2636 点时一个钻石底，很多股民就信以为真，把上证指数的 2636 当作一个稳定的底部，不断进场抄底，结果深度被套。

八、神话故事的误导

股民们尤其新人打板客热爱好的炒股故事，特别是有一些类似股神畅销书籍，省略或者并不了解真正股市交易的难点，只拣最后成功的结尾加以描述和渲染，似乎人人都可以从几千元资金变成拥有数亿元的市场游资。心理学的历史证明，参与高规格比赛的运动员和演员、股票期货交易员、客服三类职业，是世界上心理压力承受最大的人群。而在股票交易员中间，打板客又是承受心理压力最大的投资者，因为经常遇到零和博弈的状态，打板客表面的高收益，实是冒着高风险的博弈过程。所谓一将功成万骨枯这个道理，只有真正从事打板交易的实战后，才会深刻地体会到其中的血的教训。

九、等待完美的决策偏差

错过月亮还会有下一个更好月亮，是很多完美主义者性格的特点。一个完美主义者的打板客明明前日打板成功，次日可以溢价卖出，却幻想还会有更多连板机会，不期遇到市场调整，不但没有赚钱溢价，反而被套。这时就自我安慰，没事，还会有机会涨停。这和完美主义者在平时生活中一贯态度一致。以谈恋爱为例，完美主义者总觉得对象不够完美，没有达到自己心目中的最美好指标，结果选来选去，最后成为剩男剩女。如果说在生活中完美主义者还堪称坚持自己特立独行原则的话，作为打板客的超短交易者，如果不改变这种拖延等待的性格，把总是等待下一个美女的坏习惯带到交易当中。势必屡屡错过机会，错过了月亮，也会错过星星！难以成就打板客大器。

十、贪婪和恐惧

这是人性最典型的两个特点。索罗斯反身性哲学提出的是众人恐惧时我贪婪，众人贪婪时我恐惧！这也是顶尖打法客的最高境界。但是大多数新人打板客往往是相反，也就是不该贪婪时嫉妒贪婪，不该恐惧时极度恐惧。在打板时，看见首板思前顾后，观望不前，二板出现时犹豫不决，三板后开始心动，追不上，四板五板的连板形成极大刺激，后悔没有早打板。六板发誓一定要打板，意淫买到龙头股，刚买入就遭遇机构洗盘，收盘出现大阴线产生强烈恐惧，次日开盘立刻割肉，不料机构洗盘结束再次拉升，眼看丢了股反包板，心理极度不平衡，决定追回该股弥补损失，第七个涨停板后开盘立刻买入。结果机构真正开始高位出货，深套其中。这就是很多新人打板客在打板过程中屡屡遇到不该恐惧时恐惧，不该贪婪时贪婪的同样遭遇。这是人性典型的缺陷，也是最难克服的人性弱点。没有什么固定课程能够消除这个人性弱点，只有靠打板客自己不断提高修炼，经历时间和经验的磨砺，最终涅槃重生，升阶到职业打板客的高级层次，才会逐渐消除这个打板客致命的弱点。

股民中存在的几种心理扭曲人格：

（1）赌博性人格，又分主动赌博性人格和被动的赌博性人格。主动的赌博形人格敢于冒险，处事果断，缺点是过于冲动和冒进，所以这类打板客炒股打板的战绩，经常大起大落。

被动型赌博人格，从某种程度上说，是心理学的沉没成本造成拖延症，因为散户把理财账户分为心理账户和现实账户，习惯于把心理账户看得比现实账户更贵，投资亏本之后就不肯承认现实，不断拖延卖出时机，引发的被动性赌一把的心理。

（2）有极度厌恶风险型人格，这类散户本来是极度担心风险，倾向于投资国债、公募基金等保险系数高的品种，他们平常省吃俭用，因为看到社会盛传股市投资回报率远高于国债，希望通过股市投资赚到更多的钱，然而事出意外，在股市中间遭遇到了重大亏损。这类散户会将他亏损的资产金额，换算到平常省吃俭用金额上，感觉亏大了，所以一直坚守深套的仓位，在熊市越长线坚持就越亏损。这类散户多数是年纪偏大的股民。

（3）喜欢搭便车的，占小便宜的人格，这类股民喜欢听专家荐股和打听小道消息，对风险承受能力也比较差，是一种比较典型的扭曲人格。

（4）固执己见，偏执狂的人格，这类股民在生活中就有一根筋思维，炒股也是如此，对自己认定的事情过于偏执，顽固坚守错误观念，结果在投资中也是屡败屡战。

一个优秀的打板客的人格，应该具有高度的自律性，自控力很高，直觉敏锐，而又善于逻辑思维，在关键时刻能够刻意冷静处理突发状态，不盲目冲动。勇于接受新观念，严格要求自己不断纠正自我的错误。

一个打板客要形成这样优良品格和素质，需要多么严格的心法训练，如果我们能遵循科学的脑科学的方式，强化大脑中的优点，纠正性格中的严重缺陷，那么就有希望在股市而且在一生的事业、家庭中都有很好的发展。

大漠苍鹰问："老师，打板客该如何缓解心理压力？"

铁老师："舒缓心理压力，有一个良好的科学的方法。心理学家建议，要加强你的自控力，但又要懂得如何放松。心理学总结一个人在某一个时间，他的注意力只能够持续一个小时。我们必须把每日紧张处理的黄金时间去高效地利用，其中早盘时间，做最有效的工作。喜欢龙头战法又比较追求安全性的打板客，全天盯紧盘面肯定非常的劳累，所以要懂得适当地放松自己。这样对人体内的神经生理也好，多巴胺的分泌也好，都能做到适当的控制。

业余时间要做进行健康的体育锻炼和放松大脑的静思活动。我们经常听到打板客相互开玩笑说，打板客就是输了关灯吃面。其实真正的职业打板客，例如杭州游资敢死队的知名牛散，真实生活非常平凡朴实，除了每日在股市花费 10 个小时以上的，并没有天天笙歌燕舞、奢侈豪华的生活，这和打板客严格自律的性格有很大关系。在股市靠打板超短交易赚大钱本来就不易，打板顶尖高手对自己、对人格修炼也要求极高！

思考题

（1）为什么过度自信对新人打板客伤害更大？

（2）你在十大心理学认知偏差中对照自己，发现哪一条更需要自我纠正？找到纠正的路径了吗？

（3）你认为舒缓心理压力是看刺激的视频好，还是练习瑜伽类的运动更好？

第十三章　进攻者在有限兵力下的
两危抉择

在特训营的休闲时光，通过阅读和看电视节目，打板客们同样可以思考对交易有益的智商问题和逻辑。须知，打板水准的提高有时功夫在诗外！

条件：在进攻者有限兵力下，进攻者如果集中兵力可以消除来自一个方面的危险，但不可能同时满足打败两个方面的威胁。

决策原则：在面临这种状况时，必须有所舍得，集中消除最致命的威胁。下面我们分析两个经典案例：

一、中途岛之战

南云中将的第一航母群编队（包括4艘航母、2艘战斗舰、2艘重型巡洋舰、一对驱逐舰队，还不包括日军另外两支舰队），面对美海军少将斯普鲁恩斯率领由2艘航空母舰、5艘重巡洋舰、1艘轻巡洋舰、9艘驱逐舰组成的第十六特混航母舰队，日军在兵力数量和武器性能上都比美军占优，战役结果，日军损失4艘航母、1艘重型巡洋舰、332架战机。而美军仅损失1艘航母、1艘巡洋舰、98架战机。

日军错在哪里？首先，日军用于海上侦察的水上飞机传给日军指挥官南云的正确和错误信息混杂，日军侦察机数次报告没有真正确定发现美军航母。而南云本来的战略目标就是攻占中途岛，由于美军破译了日军密电码，中途岛的美军战机提前起飞，南云的第一波轰炸没有取得巨大战果，反而遭遇中途岛机场的美军轰炸机攻击。尽管美军轰炸机没有战斗机的掩护，很快被日军当时最先进性能的零式战机击落大部分，但南云意识到必须立刻进行对中途岛的第二波攻击，迅速消灭中途岛的美军空军。7：15，南云下令把装好预防美军舰队的鱼雷攻击机送下机库，卸下鱼雷换上对地面攻击的高爆炸弹。7：30，日军侦察机报告发现疑似美军的航母舰队。南云大为震惊，因为如果真的是美军航母舰队，这个距离对南云航母群具有致命的威胁。他立刻下令各航停止装炸弹重新换上鱼雷。日军航母上一片混乱，为了节约时间，换下高爆炸弹都堆在甲板上。而这时斯普鲁恩斯却依靠美军侦察机的准确情报，派出由战斗机群掩护的大量轰炸机群发动轮番攻击。由于南云航母群第一波突击中途岛的零式战斗机大都消耗尽油料，等待飞回航母补充，南云这时进退维谷，而美特混航母舰队指挥官军对日军状况了如指掌，结果一击必中，彻底消灭了南云航母群的战斗力。

这就是在两个致命威胁同时逼近时的关键抉择！南云面对中途岛的轰炸机和美特混航母的攻击，他很清楚如果日军报告在 240 海里附近发现美军 10 只舰艇中如果有美军航母，肯定是一个致命威胁。但如果没有美军航母，在这个两危选择中，中途岛的美轰炸机对日军航母虽然构不成致命危险，却会增加日航母的伤亡。就在南云纠结如何决策的关键 5 分钟，错失了战役中先机。如果南云坚持有限兵力下两危抉择，优先攻击美特混航母，可能就改写中途岛之战战果，甚至改写日美太平洋战役的历史。

二、萧元启兵败何处？

在 2018 年热播的《琅琊榜之风起长林》的电视剧中，莱阳王萧元启谋反推翻皇位，也同样面临两个威胁。他自己拥有军力为羽林军和巡防营加王府私兵，大约 9 万人，而皇帝萧元时的禁军就有 8 万人，另一个威胁是长林王萧平旌和荀飞盏两大琅琊榜高手。萧元启手中兵力对付精锐的皇帝禁军，并没占绝对优势，本打算在说服小皇帝萧元时春猎时下手，但遭太后反对不成，发动内宫政变，把小皇帝扣为人质。这时，萧元启同样犯了两危抉择中的错误选择，他低估萧平旌的号召反逆的能量，结果以为是比较容易处理的威胁演化成导致自己灭亡的致命危机。

贵大胆问："老师你说的这些都是历史的例子，对我们打板客来说，两危抉择怎么应用在打板上？"

铁老师回答："你问得好，我现在给你们一个证券交易思考题，你们先认真研究。答案就在最后一节公布。

一个投资者用他的一个账户的全部40万元资金买入铁路物流的期货已经盈利10万元，他听内行人士的建议，此时抄底肯定赚钱，又加杠杆融资1∶5，用100万元买入原油股票，结果这个大账户500万元全仓后，出现股票下跌，融资方要求补仓，按50%亏损强制平仓的规则，他已经亏38万元，面临两个抉择：止损融资账户，亏40万元，总资金萎缩到110万元；卖掉赚钱的小账户50万元，在融资账户补仓，如果次日形态出现阳包阴的强劲反弹，可以不亏反赚32万元，总资产升到182万元。

思考题

请问对上述股票期货账户，如果是你会怎么决策？按照两危决策原则，哪一个账户是致命威胁？

参考答案：按照两危决策原则，隐蔽的最危险的威胁是最大的威胁，必须首先消除。因此正确答案是立刻止损融资亏损账户、保留实力。

第十四章　胜利者效应的尾声

升值的股票和积极情绪相关，而天天被大众看空的股市，大批不断大跌的股票，都会让交易者们感觉惶恐不安的情绪。高手往往在这些股票出现蛛丝马迹时，靠直觉坚决地卖出！慢一拍的普通股民通常在自己理性脑的推理分析和本能脑之间犹豫不定，拖延了及时卖出的关键时机，陷入被套或者深套的困境。

直觉是人类大脑的一种智慧，也是我们选择决策过程中不可缺的一部分，只是大多数股民和打板客都不懂得如何利用。

我们了解到，许多神经学家认为我们的人格通常和三种神经递质紧密关联，这三种神经递质包括去甲肾上腺素、血清素和多巴胺，负责调节大脑在可预测的模式下活动，影响人对周围世界的反应。

神经递质的水平，分为高、中、低三种，影响着我们心理和生理的正常状态或者非理性的不健康状态。人类身体内存在一个动物本能的战斗和逃跑系统，在遇到机遇或危险的时候，首先分泌出大量肾上腺素，情绪开始保持紧张激动，关注外界危险，随时准备"战斗或逃跑。"

当人的情绪中感应到危险或重大机遇时，身体会产生肾上腺素进入大脑的高级区域，刺激感官更加敏锐，并去除大脑无用的杂质，只关注机遇和风险，开启战斗或逃跑的反应系统。然后，大脑不断分泌出多巴胺，鼓励我们去冒险参与挑战，而挑战风险胜利后自然带来心情愉悦。

多巴胺这种影响大脑活动水平的神经递质是大脑神经元系统中一种奖励系

统，"战斗胜利"的时候会分泌多巴胺，而且轻松产生激情。另外，食物也可以影响多巴胺的水平，比如说咖啡和茶喝得多，就会刺激多巴胺增加分泌。服用高蛋白的饮食也同样效果。

做一件事情，越快乐，就会越刺激多巴胺分泌水平。如果感觉很差，就会降低多巴胺的水平。多巴胺也是神经元系统对我们成功参与一个事件发出奖励的大脑化学物质。

神经生理学家在给猴子喝果汁实验中发现，给猴子喝了一杯果汁以后，猴子大脑的多巴胺量升高，如果再给它第二杯，猴子的多巴胺就会增加分泌。经历几次喝果汁后，猴子只要看到杯子即使实验的生理学家拿的是一个空杯，猴子的大脑仍然会自动分泌出多巴胺，产生愉悦的感觉。神经生理科学家还发现，从事赌博会加剧带给赌客意料之外的生理奖励情绪，也就是会过量分泌大脑中的多巴胺。

打板客每天的狙击涨停板过程，某种程度上和赌客行为类型。因为面对高风险高收益的市场行情，需要每个打板客充分调动全部身心和大脑，处于一个高度紧张负荷状态，打板客在每天狙击涨停板交易，大脑的多巴胺分泌含量是非常高的。

能够产生多巴胺的大脑神经元系统一直处于不断学习过程中，打板客会对未来市场走势进行预测，如果预测错了，神经元突触就会停止放电，大脑就体验到消极情绪；如果预测对了，打板客的大脑就会分泌多巴胺，身体会得到奖励，心情感到快乐。多巴胺神经元系统不仅能够自我检测，还能吸收理性脑无法理解的信息，转化为一套外部世界如何运作模式，精确地识别模式会转化为情绪，用直觉的方式提示打板客。

在股票中，交易者常把这种感觉叫作盘感。一个极为良好的盘感或者说优良的直觉，不是天生具有的。

打板客不可能一生下来就会狙击涨停板战法，百战百胜！一个优秀的打板客必须要经过自己千百次错误，在不断正确纠正后，才会培养出一个科学正确的直觉或者说打板的盘感。

这也就是很多打板客在长期交易后，每天行情结束以后都会感觉到筋疲力尽，似乎比经历一场剧烈的体力劳动或者大运动量的体育活动还疲劳。所以说，打板客在狙击涨停板的过程中间不仅要消耗大脑细胞，而且还是在比谁的体力更佳、更为强壮。

多巴胺分泌大量的水平是鼓励人们从事冒险行为的神经元奖励机制，这是这个人类在长期的优胜劣汰的过程中，大脑的一种系统进化行为。但我们切记，金融交易原则中风险越高，收益越高！高风险、高收益驱动着我们人体中间存在的战斗或逃跑的反应系统处于紧绷的状态，而人体内有两个系统，战斗或逃跑系统和休息及消化系统，这两套系统是不同神经递质和电化物质发挥作用的系统。战斗或逃跑系统和交感神经有关系，肾上腺素刺激人的兴奋、紧张，甚至焦虑等压力，多巴胺和血清素的分泌增大人体内愉快、快感等反应。而休息和消化系统与副交感神经有关，帮助人们能够保持正常的精神和身体的平衡休息及补充营养。

如果是一个正常人，他的体内的战斗、逃跑系统和休息消化系统是保持平衡的，也就是说，他能够正常地吃、睡、工作和家人共处。

但对于打板客来讲，我们很可能在每天狙击涨停板高风险的高压和紧张状态中，在为了实现高收益的目标刺激下，不得不使得大脑处于过度负荷，不论情绪、理智还是直觉，都被过度使用了。在打板赚钱后，打板客的多巴胺大量分泌产生狂喜，而遇到跌停板日内盘中重大亏损百分之十几以上带来压力和紧张、焦虑、懊悔的情绪压迫下，人体中间的战斗、逃跑系统和休息消化系统很容易发生完全失衡，直至崩溃！

根据神经生理学家研究，雄性激素（睾丸丙酮），对于提高交易成绩是有帮助的，这源于动物的竞争的本能。他们发现，在动物中间，雄性动物要想占有或者追求一只雌性动物时，会大量的产生雄性激素，那么睾丸丙酮分泌越高的动物，肌肉更强壮有效，就有很大的机会打败那些比较弱的动物。而且动物一般在打败一个弱者时，占据了一个地盘，取得了一个或者一群雌性动物的欢心后，妻妾成群，这时候，为王的雄性动物的睾丸素就会大量上升。

心理学家对此做了一个深入研究，发现有一种所谓的叫作胜利者的效应。就是当雄性动物拥有一个新胜利的地盘以后，睾丸素大量上升会驱动它参与下一场的打斗，它的身体内的战斗或逃跑系统，处于一个非常高涨旺盛状态，很渴望继续取得胜利。但这自然就增加不可预见的风险，也就增加了死亡的概率。

在股市期货交易中，胜利者效应的尾声也会在打板客身上再现，当你们处于一连串打板盈利捷报频传的巅峰状态时，有时也就是最危险的时刻！因为在市场中随时会遇到突发不可预料的风险事件，或者遇到更强对手的时候，起初你不断战胜对手或者市场，但到了胜利者效应的尾声，你遇到一个自己无法对付的市场环境或者一群更狡猾、更有实力的市场游资主力，那么出现大幅资金回撤或者打板被核按钮的死亡率就更高了。

胜利者效应的尾声对于我们打板客来说是非常有启示的，因为人类的不可能长时间处于一个高度分泌各种神经递质和男性激素的状态，虽然说高水平的男性激素可以在体内保持一段时间。但在长期的紧张焦虑的压力之下，有不少打板客的雄性激素出现急剧下降的例子。有的打板客狙击涨停板的战绩突然下降，不是因为你们不够优秀，也不是因为你的大脑没有正确做出决策，而是因为身体内的男性激素分泌大量下降了，不足以应付高风险的打板工作了。这时候最好的修复方式，是给自己放假去旅游或者做休闲养生的活动一段时间。因为打板客每天面临的最复杂、实力最雄厚的市场对手，是市场的游资主力，压力和紧张，沉重的负荷酿成身体内的内耗，神经反应系统出现了崩溃。

打板客在一连串打板成功后，当计算盈利战果累累而产生骄傲和过度自信情绪，开始出现盲目冲动的情绪到了巅峰时，多巴胺和去甲肾上腺素过度的分泌，导致身体极度的兴奋，甚至不想睡觉，食欲不振，只想狂热地交易。

打板客往往没有意识到，这时身体和大脑都不能够支持他继续处在这样一个情绪巅峰的状态，很快进入到一个胜利者效应的尾声，也就是死亡率急剧升高的时刻。

因此，要想成为成功的打板客，仅仅了解市场趋势和股票走势还不够，现在很多战法只总结市场周期和市场心理周期，却唯独少了对打板客大脑的生理周期的监测。笔者在这里独创了一个打板客生理周期指标。

这个生理周期可以归纳为几个阶段：平和—紧张—激动—胜利愉悦—狂热—懊悔、情绪极度低落—趋向情绪活跃激动—欣喜若狂—极度亢奋—懊悔沮丧！

打板客开始狙击涨停板时，如果从市场趋势的周期开始，你发现了一个事件驱动热点，及时参与了最初的行情，这时你的情绪从平和开始紧张，到激动。当你成功赚钱后，产生了大量的愉悦情绪。这是体内多巴胺对你参与风险的奖励。但是切记，如果我们不注意自己身体的生理周期，悲剧随时都会到来。

要时刻密切监测自己身体内的激素和神经递质，特别是多巴胺分泌周期，因为多巴胺分泌特点是自动升级，假设你有 10 万元资金，当你成功打板赚到 10% 利润时，产生的心情当然是高兴。接下来再赚到 15%，这个愉悦的心情就没有第一次成功那么强烈了，和边际效用递减规律一样。多巴胺的分泌需要继续更加紧张冒险的参与，你可能很快就不满足 15%、25% 的收益，而感觉赚钱这么容易，后悔怎么没有一开始就投入更多更大的资金。当你开始过度自信，企图尽快迈入市场羡慕的一方游资主力时，你可能开始筹资甚至配资高杠杆从事更高风险的交易。然而这时，你的大脑智商和正确的直觉已经不能匹配市场的趋势或者市场周期，结果在出错中你还没意识到自己的大脑生理周期已经出现拐点，死在胜利者效应尾声。不仅亏掉全部利润，还可能把本金深套进去。

这也就是特训班开始为什么不先学技术分析而高度强调脑科学的原因。只有充分了解自己，才能知己知彼。打板客朋友圈很多新人中几次小胜后就会得意扬扬宣布自己已经得道，所谓得道就完全掌握狙击涨停板的全部技术了，殊不知你有可能恰恰处于一个危险的胜利者效应的尾声周期，很快出现弯道翻车事故。优秀的打板客高手，更加重视的不是技术指标和形态的研究，那些只是属于"术"的较低层面的研究，也相对比较容易，只要你拥有比一般人稍微高一点的智商。而要想完全掌握顶尖打板高手的心法，没有三五年以上交易经历几乎是不可能的。而且一个优秀的打板客还要在日常生活上高度恪守自律，绝不放任自己有任何不良习惯。有关于这点，希望所有学员铭记在心。

思考题

（1）什么是胜利者效应的尾声？

（2）打板客应该如何运用检测自我生理情绪周期？

（3）回想一个你如果应用上述心法可以在牛市获得更大收益的反思。

第十五章　狙击涨停板若干疑难问题解答

（1）问："如何识别庄家股票，庄家股票有什么样的特征？打板客应该如何防止被骗追涨？"

回答："庄家股票是一种过时的概念，所谓庄家操纵股票，是自在证券法没有严格实施之前监管，比较薄弱的时候。2010年前，主力运用低位、吸筹、洗盘、拉升、高位派发的所谓模式，对散户实行割韭菜。但在现在监管政策日趋严厉，证监会用大数据监控各类市场资金的异动时，操纵股价的庄家行为已经有高度的风险，市场资金大部分也放弃这种高风险的模式。所以说，现在市场上已经基本上不存在什么庄家，或者所谓的庄股。但市场主力还是可以在局部超短线的比如说分时的阶段操纵股价，这个识别不是靠一两句就能够解决问题的，需要长时间地盯盘，积累足够的经验。"

（2）问："我经常在打板股手法快速拉升时不敢进场，如何解决自己的胆量问题？"

回答："打板的胆量问题是靠不断的锻炼，没有什么人能天生最大胆的！军事上，新兵上战场时听到枪炮声也会尿裤子，在有丰富经验的老兵带领下经过几轮战斗就敢英勇杀敌，甚至自首夺白刃，面对面地和敌人厮杀。打板客的胆量也一样，要靠起初的小资金不断地试错，屡次成功之后，胆量就会逐步地积累提高。所谓艺高人胆大，是指当你不断地完善自己的交易技术和心理认知，取得成功之后，自信心和胆量都会大大地提高了。"

（3）问："我用手机打板，到底个股上涨多少点就该进场扫板？有时看到个股有突然直线拉升，有可能涨停，已经来不及摁键扫板。但太早去打板又有太多的不确定性。"

回答："手机打板有一定的局限，因为个人习惯不同，职业的打板客，大家可以看笔者发的图片，甚至用六个电脑屏监控各种信息。一个屏幕监控大盘走势趋势，一个屏幕监控个股的涨跌速度，一个屏幕监控突发的信息和外盘股市，再一个屏幕监控自选池中的个股异动。而如果只用一部手机来打板，不可能监控这么多影响打板的因素。经验不够的打板客狙击涨停板的手速跟不上，而太早打板，由于经验和选股的精度不够，有可能买到杂毛跟风股。笔者的经验是喜欢在强势股拉升4%～6%就半路低吸，但这需要先有自选股，对自选股的把握，换句话说，就是胜率比较高。这方面的训练请大家参考前面课程的提示。新人打板客，如果不擅长半路低吸，要想有比较大的确定性去打板时最好等待观察到强势股即将封涨停，也就是接近9.8%以上才出手打板。衡量你学习的技术是否已经达到一定的成功的标志是，每天买入的个股打板股票必须强势封涨停到收盘为止，如果你连续三次买入的打板股票还不能够封涨停，中途开板或出现冲高回落，说明你的技术还远未完善，必须重新检讨自己的交易模式。"

（4）问："如何控制资金的回撤？怎么解决好仓位控制问题？"

回答："这个问题非常大，如果真正解决了这个问题，基本上就达到一个合格专业的打板客标准。职业打板客的技术和心理认知都解决得相当完好了，控制回撤也是检验一个打板客是否真正能够使自己的资金不断地增长的重要标志。如果你在很短的时间内使自己的资金翻倍，但是，突发的市场环境变化使你遭到巨大的损失，资金又回到原位，损失了百分之八九十的利润，这样的回撤说明交易的模式控制即风险控制还不到位。这方面请参看胜利者效应尾声和打板客的情绪周期，胜利者效应尾声是打板客不断地战胜对手之后过度地自信出现盲目，大脑的多巴胺分布过分泌过度，出现下降麻木迟钝的状态，遭遇到突然的市场变化后应变不足，在情绪周期上也进入到了过度亢奋，忽视危险的状态，出现了心理认知的敏锐精准度大幅下降。打板客的情绪周期是要靠个人密切监控的,任何人都不能够帮助你。最好的方式是制定好自己情绪周期各阶段的表格,这里可以分左翼交易者和右翼交易者,聪明的左翼交易者会意识到自己虽然取得了一连串的胜利,但已经过度兴奋了,主动地采取休息的方式,将大部分利润返回银行账户。保守的右翼交易者为了不丧失更多的市场机会往往不愿意过早地退出打板交易,这时候会根据自己从交易资金增长曲线发生拐点、打板三次不顺手时选择适当的休息。这也不失为一种很好的控制方式,虽然可能会比左翼交易者提前的退出要损失更多一点的利润,但属于顺势交易。无论如何都要尽量保持心态的平和,在成功之后避免过度的自信和情绪亢奋时主动为自己减压,这是控制资金回撤的一个精髓。"

(5)问:"狙击涨停板在早盘看集合竞价9:20~9:30的集合竞价还是看开盘之后的几分钟选择?"

答:"最好是从上午9:00就开始监控,最先集中在高开的个股方面,调出软件上的竞价图都有提示,但9:15~9:20的集合竞价可以发现砸盘的主力方式,主力用虚假挂单的方式,在9:15~9:20时可以撤掉涨停板挂单,所以在9:25~9:30时挂单,更加确定买卖力度,因为无法撤单。笔者的方式是喜欢等开盘后,观察10分钟确定能封板的前排强势股才去打板。"

(6)问:"封涨停板的股票突然开板,特别是尾盘被砸开的涨停板个股该如何看?如果已经打板价买入,要不要第二天止损卖出?"

回答:"无论你是在早盘还是尾盘打板,一旦买入之后按照A股的T+1模式都没有办法卖出,关于涨停板开板的情况,这时候只能够认真地观察究竟是因为什么突发事件引发?如果是在下午因为机构可能提前得知监控监管层的利空消息砸盘出货,那么就要做好第2天亏损出局的心理准备和交易计划。而如果仅仅是外盘股市下跌的虚惊,特别是机构洗盘,就需要趁低位适当加仓摊低成本。一句话,需要有相当的打板经验才能够完成这种涨停又开状态。"

(7)问:"在龙头连板高度不确定时高位买入的仓位是全仓好,还是轻仓好?"

问答："举例创投股复旦复华，再上升到第9板时，突然出现顶部急刹，其实根据我们在胜率和赔率的计算中，由于前一个龙头市北高新的标杆高度就是10个涨停板，那么根据大概率也可以估算出复旦复华到第9涨停板后，开板的可能性很大。如果你是低位潜伏盘，有相当多的利润安全垫，这时候遇到开板就可以坚决的止盈。笔者当时就是这么做的。但是如果是当天去接力打板被套，如果确认复旦复华是分支龙头，还有反包一次的可能性，就可以守仓。但也不建议补仓。一般轻仓试错资金被套后，追加仓位发生更大的亏损的概率也是存在的，所以都要做好两手准备。"

（8）问："怎么看龙虎榜的信息？"

回答："现在市场上对于常在龙虎榜出现的著名游资，或者应该说是优秀的私募资金或者牛散，都比较熟悉，所谓闻香识女人。我们可以看到有赵老哥、孙煜、东北猛男、佛山无影脚、南京老牌资金、成都环一路、杭州体育路、温州福建帮等，这方面大家要自己去慢慢地体会，我们要留给私募资金一个操盘的空间，不能够把所有的事情都点透了。但有一点可以说，东方财富证券营业部的拉萨团结路营业部，根据对他们操作的长期观察，比较确定是机构的 T＋0 工厂，专门高抛低吸帮助大机构降低成本，而不是一些媒体所说的散户集中营。"

（9）问："上周我前四个交易日大概盈利35％，周四在8个点精准高抛北汽蓝谷后，反手跌停板低吸了鼎捷软件，想着能在收获个地天板，结果被闷了，周五反复挂单撤单也没下手止损，连续好几天，特别痛苦，我痛苦自己这样犹豫不决怎么能大成，这种亏吃了好多次，每次都是早盘高抛后去低吸，想着当天能再多赚点，上周我整体还是盈利的，但我现在心态崩了，很痛苦，我只能接受盈利，亏损了我就很痛苦，生活中我是完美主义，有洁癖的人，我该怎么走过这个心魔啊？"

问答："这是打板客经常遇到的正常资金曲线波动周期，由于许多打板客不知道大脑在激动时会大量分泌多巴胺，多巴胺能够支持直觉处于敏锐有利于打板处于最佳状态。但多巴胺需要不断增加刺激的力度才能增大分泌，所以当你在连续打榜取得胜利之后，就不满足于之前的成绩，追求更强的刺激，无形中已经脱离了你的技术能力，这就是胜利者效应的尾声。此时如果你不提高警觉，很快就会遭遇到上述打板客的资金大幅的回撤。如果你认真学习了我们的课程，了解到大脑和多巴胺的关系，了解到胜利者效应的尾端是应该回避的，这样就能够及时地控制自己的情绪周期，也就控制了资金的回撤。"